Omas beste Rührkuchen

Weltbild

Inhalt

Vorwort

Rührkuchen schmecken köstlich. Rührkuchen sehen verlockend aus. Rührkuchen sind rasch gebacken, und es gibt sie in großer Vielfalt. Schon unsere Großmamas liebten diese verführerischen Kuchen, wenngleich sie es beim Backen schwerer hatten als wir: Sie mussten mit dem Löffel ausdauernd den Kuchenteig rühren, bis er die gewünschte Konsistenz hatte. Heute wird auch noch gerührt – mühelos und viel schneller, denn die Technik hilft uns. Rührkuchen kommen ganz unterschiedlich daher: rund oder länglich, hoch oder flach, gespickt mit Nüssen, Rosinen oder Schokolade, mit feiner Glasur. Sie sind verziert mit Marzipan, Sahnetuffs, Früchten oder kandierten Blüten. Und egal wie sie heißen – Mandelkuchen oder Topfkuchen, Kaffeekuchen oder Kranzkuchen –, sie sind eine Wonne für den Gaumen und eine Zierde für den Kaffeetisch. Deshalb frisch gerührt – aller Anfang ist leicht!

Ein Hinweis in eigener Sache

Unsere Rezepte werden von erfahrenen Fachautoren kreiert und erprobt. Wir freuen uns jedoch über Anregungen, Tipps oder Kritik und helfen bei Fragen gerne weiter. Bitte wenden Sie sich an: Weltbild Buchverlag, Steinerne Furt 67, 86167 Augsburg, oder schicken Sie uns eine E-Mail an: Simone.Abele@weltbild.com

So gelingt der Rührkuchen

Rührkuchen will, wie schon der Name verrät, gerührt werden. Und zwar lange und ausdauernd.

Achten Sie immer darauf, dass alle Grundzutaten für den Rührteig – Butter, Zucker, Eier, Mehl – Zimmertemperatur haben. Nur dann gehen sie eine gute Bindung miteinander ein, und der Teig wird locker und leicht.

Wiegen Sie die Grundzutaten ab, und stellen Sie auch die Zutaten bereit, die den Rührteig verfeinern sollen, wie zum Beispiel Gewürze, Rosinen, Nüsse, Nugat, Marzipan oder Früchte.

Die Reihenfolge der Teigzubereitung ist immer gleich. Sie können sie sich ganz leicht einprägen:

- Zuerst mit dem Schneebesen des Handrührgerätes die Butter schaumig schlagen.
- Dann den Zucker langsam zufügen und so lange rühren, bis er sich aufgelöst hat.
- Danach einzeln die Eier in die Masse geben und unterrühren.
- Mehl und Backpulver miteinander vermischen und durchsieben.
- Mit einem Rührlöffel das gesiebte Mehl unter die Eier-Butter-Zucker-Masse rühren, bis es nicht mehr sichtbar ist.

Der Teig hat die richtige Konsistenz, wenn er geschmeidig ist und in langen Zapfen vom Löffel fällt.

Ein Tipp für alle Fälle

Fällt der Rührteig zu flüssig aus, mischen Sie noch etwas Mehl darunter. Bleibt der Teig am Löffel hängen, ist er zu fest. Fügen Sie in kleinen Mengen Milch hinzu, bis er feucht genug ist. Wenn Sie diese Ratschläge beachten, wird Ihnen nie ein Rührkuchen misslingen!

Noch eine Anmerkung zu den Rezepten

Die dort verwendeten Eier stammen von frei laufenden Hühnern und haben ein Gewicht von 65 bis 70 Gramm. Sind die von Ihnen verwendeten Eier sehr klein, sollten Sie lieber ein Ei mehr nehmen, damit der Teig locker bleibt.

Rührkuchen mit Glasur

Omas Mandel-Rührkuchen

300 g weiche Butter
230 g Zucker
1 Päckchen Vanillezucker
5 Eier
1 Prise Salz
1/2 Fläschchen Rumaroma
250 g Mehl
50 g Stärkemehl
1 gestrichener TL Backpulver
125 g gemahlene Mandeln
80 g zerkleinerte Schokolade
1 EL fein geschnittenes Zitronat
1-2 EL Rum
Butter und Zwiebackbrösel für die Napfkuchenform

Für die Glasur

200 g Puderzucker
2 EL Kakao
30 g zerlassenes Kokosfett

Außerdem

Schokoladenblättchen
Kandierte Kirschen

Die Butter in einer Schüssel schaumig schlagen. Zucker, Vanillezucker und die Eier unterrühren. Die Gewürze zugeben. Mehl, Stärkemehl und Backpulver vermischen, sieben und unterrühren. Mandeln, Schokolade und Zitronat unterheben. Eine Napfkuchenform ausbuttern, mit Zwiebackbröseln ausstreuen, den Teig einfüllen.

Im vorgeheizten Backofen bei 200 °C (Gas: Stufe 3, Umluft: 180 °C) etwa 60 Minuten backen. Herausnehmen, noch 10 Minuten in der Form lassen, mit dem Rum beträufeln, dann zum Auskühlen auf ein Kuchengitter setzen.

Für die Glasur den Puderzucker sieben und mit dem Kakao und zwei bis drei Esslöffeln heißem Wasser zu einer dickflüssigen Masse verrühren. Das heiße Fett einrühren. Den Kuchen mit der Glasur überziehen und mit Schokoladenblättchen und halbierten kandierten Kirschen verzieren.

Unser Tipp

Schokoladenblättchen gibt es als Fertigware im Handel. Man kann sie aber auch selbst herstellen, indem man geschmolzene Kuvertüre auf einem großen Stück Alufolie dünn verteilt und nach dem Erkalten abhebt.

Omas feiner Kastenkuchen

250 g weiche Butter
200 g Zucker
1 Päckchen Vanillezucker
5 Eier, 1 Prise Salz
1 Fläschchen Rumaroma
500 g Mehl
4 gestrichene TL Backpulver
1/8 l Milch
250 g Rosinen
150 g Korinthen
50 g gehackte Mandeln
50 g fein geschnittenes Zitronat
50 g fein geschnittenes Orangeat
Butter für die Kastenform

Für die Glasur
200 g Puderzucker
2-3 EL Zitronensaft
20 g weiche Butter
Feinstreifig geschnittenes Zitronat

Die Butter in einer Schüssel schaumig schlagen. Zucker, Vanillezucker und Eier unterrühren. Salz und Rumaroma ebenfalls unterrühren. Mehl und Backpulver vermischen, sieben und mit der Milch einrühren. Rosinen und Korinthen waschen, trocken tupfen, mit den Mandeln, dem Zitronat und dem Orangeat unter den Teig ziehen.
Eine Kastenform ausbuttern, den Teig einfüllen und glatt streichen. Im vorgeheizten Backofen bei 200 °C (Gas: Stufe 3, Umluft: 180 °C) etwa 60 Minuten backen. Herausnehmen, noch 10 Minuten in der Form lassen, zum Auskühlen auf ein Kuchengitter setzen.

Für die Glasur den Puderzucker sieben und mit dem Zitronensaft und der Butter zu einer dickflüssigen Masse verrühren. Den Kuchen damit überziehen. Mit Zitronatstreifen verzieren.

Omas Festtagskuchen

200 g weiche Butter
200 g Zucker
6 Eier
1 Prise Salz
1 TL Zimt
125 g Mehl
1 gestrichener TL Backpulver
200 g gemahlene Mandeln
200 g zerkleinerte Zartbitter-Schokolade
Butter und Zwiebackbrösel für die Napfkuchenform

Außerdem

200 g Puderzucker
2 EL Kakao
30 g weiche Butter
Silberne Zuckerperlen

In einer Schüssel die Butter schaumig schlagen. Zucker, Eier, Salz und Zimt hinzufügen. Mehl und Backpulver vermischen, sieben und mit den Mandeln untermengen. Die Schokoladenstückchen unterheben. Eine Napfkuchenform ausbuttern, mit Zwiebackbröseln ausstreuen. Den Teig einfüllen und glatt streichen. Im vorgeheizten Backofen bei 200 °C (Gas: Stufe 3, Umluft: 180 °C)

etwa 60 Minuten backen. Den Kuchen vor dem Stürzen noch 10 Minuten in der Form lassen.
Puderzucker sieben, mit Kakao vermischen, mit zwei Esslöffeln heißem Wasser und der Butter verrühren, den Kuchen damit überziehen. Mit Zuckerperlen verzieren.

Kokoskuchen

250 g weiche Butter
300 g Zucker
1 Päckchen Vanillezucker
5 Eier
1 Eigelb
1 TL abgeriebene Zitronenschale
300 g Mehl
80 g Stärkemehl
2 gestrichene TL Backpulver
125 g fein geschnittenes Zitronat
50 g gemahlene Mandeln, darunter 3 bittere
Butter und Zwiebackbrösel für die Form

Für die Glasur

3 EL Orangenkonfitüre
200 g Puderzucker
2 TL Eiweiß
2-3 EL Zitronensaft
100 g Kokosflocken

Die Butter schaumig schlagen. Zucker und Vanillezucker einrühren. Eier, Eigelb und Zitronenschale hinzugeben. Mehl, Stärkemehl und Backpulver vermischen, sieben und unterrühren. Zitronat und Mandeln unterheben. Eine Springform ausbuttern und mit Zwiebackbröseln ausstreuen. Den Teig einfüllen und glatt streichen. Im vorgeheizten Backofen bei 200 °C (Gas: Stufe 3, Umluft: 180 °C) etwa 60 Minuten backen. Herausnehmen, noch 10 Minuten in der Form lassen, dann zum Auskühlen auf ein Kuchengitter setzen. Die Orangenkonfitüre durch ein Sieb streichen, leicht erwärmen, den Kuchen damit bestreichen. Für die Glasur den Puderzucker sieben und mit Eiweiß und Zitronensaft verrühren. Den Kuchen damit überziehen. Mit Kokosflocken bestreuen.

Sächsische Bäbe

250 g Rosinen
4 EL Weinbrand
200 g weiche Butter
200 g Zucker
1 Päckchen Vanillezucker
4 Eier
1 Prise Salz
350 g Mehl
1 EL Stärkemehl
1 Päckchen Backpulver
1/8 l Milch
Butter und Zwiebackbrösel zum Auskleiden der Napfkuchenform

Für die Glasur

200 g Puderzucker
2 EL Zitronensaft
Schokostreusel zum Verzieren

Die Rosinen mit Weinbrand begießen. Die Butter in eine Schüssel geben und schaumig schlagen. Zucker, Vanillezucker, die Eier und das Salz unterrühren. Mehl, Stärkemehl und Backpulver vermischen, sieben, mit der Milch einrühren. Die Rosinen unter den Teig heben.
Eine Napfkuchenform ausbuttern, mit Zwiebackbröseln ausstreuen, den Teig einfüllen, glatt streichen und im vorgeheizten Backofen bei 200 °C (Gas: Stufe 3, Umluft: 180 °C) etwa 60 Minuten backen. Herausnehmen, 10 Minuten in der Form auskühlen lassen, auf ein Kuchengitter setzen.
Für die Glasur den Puderzucker in eine Schüssel sieben, einen Esslöffel kochendes Wasser und danach den Zitronensaft einrühren, die Masse über heißem Wasserbad zwei Minuten erwärmen, den Kuchen damit überziehen und mit Schokostreuseln verzieren.

Rührkuchen mit Zimt

250 g weiche Butter
250 g Zucker
1 TL Zimt
4 Eier, 1 Prise Salz
1 TL abgeriebene Zitronenschale
175 g Mehl
125 g Stärkemehl
2 TL Backpulver
6 EL Milch
Butter für die Form
Je 1 EL Semmelbrösel und gemahlene Mandeln zum Ausstreuen der Backform

Für die Glasur

150 g Aprikosenkonfitüre
200 g Puderzucker
2 EL Zitronensaft
1 TL weiche Butter

Außerdem

100 g geröstete Mandelblättchen

Die Butter in einer Schüssel schaumig schlagen. Zucker, Zimt, Eier, Salz und Zitronenschale einrühren. Mehl, Stärkemehl und Backpulver vermischen und sieben und mit der Milch unterrühren.

Eine Napfkuchenform ausbuttern. Semmelbrösel und Mandeln mischen, die Form damit ausstreuen. Den Teig einfüllen und im vorgeheizten Backofen bei 200 °C (Gas: Stufe 3, Umluft: 180 °C) etwa 60 Minuten backen. Den Kuchen herausnehmen, vor dem Stürzen noch 10 Minuten in der Form lassen. Die Aprikosenkonfitüre durch ein Sieb streichen, leicht erwärmen, den Kuchen damit überziehen. Für die Glasur den Puderzucker sieben, mit einem Esslöffel kochendem Wasser, Zitronensaft und der Butter verrühren, den Kuchen damit glasieren. Mit Mandelblättchen verzieren.

Rührkuchen mit Marzipanrosen

300 g weiche Butter
300 g Zucker
6 Eier
1 TL abgeriebene Orangenschale
50 g fein geschnittenes Orangeat
250 g Mehl
100 g Stärkemehl
1 Päckchen Backpulver
125 g gemahlene Mandeln
100 g gehackte Mandeln
Saft von 2 Orangen
Butter für die Springform

Für die Glasur

125 g Orangenmarmelade
250 g weiße Kuvertüre
24 kleine rote Marzipanrosen

In einer Schüssel die Butter schaumig rühren. Zucker und Eier unterrühren. Die Orangenschale und das Orangeat zugeben. Mehl, Stärkemehl und Backpulver vermischen, sieben und mit den Mandeln und dem Orangensaft einrühren. Eine Springform ausbuttern, den Teig einfüllen, glatt streichen und im vorgeheizten Backofen bei 180 °C

(Gas: Stufe 2, Umluft: 160 °C) etwa 50 Minuten backen. Herausnehmen, 10 Minuten auskühlen lassen. Aus der Form nehmen, den Kuchen zum Auskühlen auf ein Gitter setzen.
Für die Glasur die Marmelade durch ein Sieb streichen, leicht erwärmen, den Kuchen damit überziehen. Die Kuvertüre über heißem Wasserbad schmelzen, den Kuchen damit überziehen. Mit Marzipanrosen verzieren.

So machen Sie die Marzipanrosen

200 g Marzipan-Rohmasse mit 100 g gesiebtem Puderzucker und 1-2 Tropfen roter Lebensmittelfarbe verkneten. Aus der Masse kleine Röschen formen. Dafür das Marzipan zwischen zwei Lagen Frischhaltefolie oder auf Puderzucker dünn ausrollen. Mit der Hand einzelne kleine Blütenblätter formen. Einen kleinen Kegel formen, die Blätter an den Kegel drücken und nach außen biegen.

Rührkuchen mit Mohn

200 g weiche Butter
175 g Zucker
1 Päckchen Vanillezucker
8 Eier
1 Prise Salz
200 g gemahlener Mohn
50 g gehackte Mandeln
100 g Mehl
100 g Stärkemehl
2 TL Backpulver
4 EL Rum

Für die Glasur

100 g Zartbitter-Kuvertüre
50 g geröstete Mandelblättchen

In einer Schüssel die Butter schaumig schlagen. Zucker, Vanillezucker, Eier, Salz, Mohn und Mandeln einrühren. Mehl, Stärkemehl und Backpulver vermischen, sieben, mit dem Rum zum Teig geben und unterrühren.
Eine Springform mit Backpapier auslegen, den Teig einfüllen, glatt streichen und im vorgeheizten Backofen bei 200 °C (Gas: Stufe 3, Umluft: 180 °C) etwa 55 Minuten backen.
Den Kuchen herausnehmen, noch 10 Minuten in der Form auskühlen lassen, dann das Backpapier abziehen und den Kuchen auf ein Kuchengitter setzen.
Die Zartbitter-Kuvertüre zerkleinern, über heißem Wasserbad schmelzen, den Kuchen damit überziehen und mit Mandelblättchen verzieren.

Rührkuchen mit Nugat

150 g weiche Butter
200 g Zucker
4 Eier, 1 Prise Salz
1 TL abgeriebene
Zitronenschale
100 g Mehl
40 g Stärkemehl
2 TL Backpulver
200 g gemahlene
Haselnüsse
150 g Nugat, in kleine
Würfel geschnitten
Butter für die Form

Außerdem
100 g Aprikosenkonfitüre
100 g weiße Kuvertüre

In einer Schüssel die Butter schaumig schlagen. Zucker, Eier, Salz und Zitronenschale hinzufügen und weiterrühren. Mehl, Stärkemehl und Backpulver vermischen, sieben und mit den Haselnüssen unter den Teig mengen. Die Nugatwürfel unterheben.
Eine Napfkuchenform ausbuttern, den Teig einfüllen und glatt streichen. Im vorgeheizten Backofen bei 180 °C (Gas: Stufe 2, Umluft: 160 °C) etwa 60 Minuten backen. Herausnehmen, 10 Minuten in der Form lassen, zum Auskühlen auf ein Kuchengitter geben.
Die Aprikosenkonfitüre durch ein Sieb streichen, erwärmen, den Kuchen damit bestreichen. Die Kuvertüre zerkleinern, über heißem Wasserbad schmelzen, den Kuchen damit überziehen.

Rührkuchen mit Glühwein

1/8 l Rotwein
Je 1 TL abgeriebene
Zitronen- und
Orangenschale
1 Zimtstange
1 Nelke
125 g Zucker
125 g weiche Butter
5 Eier
1 Prise Salz
125 g Mehl
80 g Stärkemehl
1/2 Päckchen Backpulver
1 TL Zimt
100 g geriebene Schokolade

Für die Glasur

150 g weiße Kuvertüre
Kandierte Früchte
50 g geraspelte
Zartbitter-Schokolade

Den Rotwein in einen Topf geben und mit Zitronen- und Orangenschale, Zimtstange, Nelke und einem Esslöffel Zucker erhitzen, drei Minuten sprudelnd kochen. Vom Herd nehmen und auskühlen lassen.

Die Butter in einer Schüssel schaumig schlagen. Den restlichen Zucker, die Eier und das Salz unterrühren. Mehl, Stärkemehl und Backpulver vermischen, sieben und mit dem Zimt, der Schokolade und dem Rotwein unterrühren. Eine Kastenform mit Backpapier auslegen, den Teig einfüllen und glatt streichen. Im vorgeheizten Backofen bei 200 °C (Gas: Stufe 3, Umluft: 180 °C) etwa 40 Minuten backen. Herausnehmen, noch etwa

10 Minuten in der Form lassen. Das Backpapier abziehen. Den Kuchen auskühlen lassen.
Die Kuvertüre zerkleinern, über heißem Wasserbad schmelzen. Den Kuchen damit überziehen. Mit kandierten Früchten und geraspelter Schokolade verzieren.

Rührkuchen mit Sekt

200 g weiche Butter
180 g Zucker
1 Päckchen Vanillezucker
1 Prise Salz
3 Eier
150 g Mehl
30 g Stärkemehl
1/2 Päckchen Backpulver
1 EL Kakao
100 g gemahlene Haselnüsse
50 g zerkleinerte Bitterschokolade
1 TL Instant-Kaffee
1/8 l Sekt

Außerdem

150 g Zartbitter-Kuvertüre
Walnusshälften zum Verzieren

Die Butter in einer Schüssel schaumig schlagen. Zucker, Vanillezucker, Salz und Eier unterrühren. Mehl, Stärkemehl, Backpulver und Kakao vermischen, sieben und mit den Haselnüssen, der Bitterschokolade, dem Instant-Kaffee und dem Sekt in die Buttermischung rühren.

Eine Kastenform mit Backpapier auslegen, den Teig einfüllen, glatt streichen. Im vorgeheizten Backofen bei 200 °C (Gas: Stufe 3, Umluft: 180 °C) etwa 45 Minuten backen. Herausnehmen, 10 Minuten in der Form lassen. Dann das Backpapier abziehen, den Kuchen zum Abkühlen auf ein Kuchengitter setzen.
Die Zartbitter-Kuvertüre zerkleinern, über heißem Wasserbad schmelzen, den Kuchen damit überziehen und mit Walnusshälften verzieren.

Rührkuchen mit Weingeist

250 g weiche Butter
250 g Zucker
4 Eier
1 Prise Salz
Je 1 TL abgeriebene Zitronen- und Orangenschale
125 g Mehl
125 g Stärkemehl
2 gestrichene TL Backpulver
5 EL Weingeist (96 %)

Für die Glasur

200 g Puderzucker
2-3 EL Rum
30 g weiche Butter
Schokoladenröllchen (→ Seite 59)

In einer Schüssel die Butter schaumig schlagen. Zucker, Eier, Salz, Zitronen- und Orangenschale einrühren.

Mehl, Stärkemehl und Backpulver vermischen, sieben und mit dem Weingeist unterrühren.
Eine Springform mit Backpapier auslegen, den Teig einfüllen und glatt streichen. Im vorgeheizten Backofen bei 200 °C (Gas: Stufe 3, Umluft: 180 °C) etwa 40 Minuten backen. Herausnehmen, noch 10 Minuten in der Form lassen, das Backpapier entfernen, den Kuchen zum Auskühlen auf ein Kuchengitter setzen.
Den Puderzucker sieben und mit dem Rum und der Butter zu einer dickflüssigen Masse verrühren. Den Kuchen damit glasieren und mit Schokoladenröllchen garnieren.
Wie Sie Schokoladenröllchen herstellen, erfahren Sie auf Seite 59.

Kastenkuchen mit Kaffee

250 g weiche Butter
200 g Zucker
1 Päckchen Vanillezucker
5 Eier
1 Prise Salz
500 g Mehl
4 gestrichene TL Backpulver
2 EL Kakao
4 TL Instant-Kaffee
1/8 l Milch
3 EL gemahlene Mandeln
100 g ganze geschälte Mandeln
75 g grob zerkleinerte Bitterschokolade

Außerdem
100 g Zartbitter-Kuvertüre
50 g weiße Kuvertüre

Die Butter in einer Schüssel schaumig schlagen. Zucker, Vanillezucker, Eier und Salz unterrühren. Mehl, Backpulver und Kakao vermischen, sieben, nach und nach mit dem Instant-Kaffee und der Milch unter die Buttermischung rühren. Mandeln und Schokolade unterheben. Eine Kastenform mit Backpapier auslegen, den Teig einfüllen und glatt streichen. Im vorgeheizten Backofen bei 200 °C (Gas: Stufe 3, Unmluft: 180 °C) etwa 60 Minuten backen. Herausnehmen, 10 Minuten in der Form auskühlen lassen, das Backpapier abziehen. Den Kuchen zum Auskühlen auf ein Kuchengitter setzen. Die Zartbitter-Kuvertüre zerkleinern, über heißem Wasserbad schmelzen, den Kuchen damit überziehen. Die weiße

Kuvertüre ebenfalls schmelzen, damit weiße Fäden über die dunkle Glasur ziehen.

Kastenkuchen mit Kümmel

150 g weiche Butter
150 g Zucker
1 Päckchen Vanillezucker
1 Prise Salz
1 EL Kümmel
2 Eier
6 EL Milch

300 g Mehl
2 gestrichene TL Backpulver
Butter für die Kastenform

Außerdem
30 g Butter zum Einpinseln
Puderzucker zum Bestäuben

Die Butter in einer Schüssel schaumig schlagen. Zucker, Vanillezucker, Salz, Kümmel, Eier und Milch zufügen. Mehl und Backpulver vermischen, sieben und nach und nach unterrühren.
Eine Kastenform ausbuttern, den Teig einfüllen und glatt streichen. Im vorgeheizten Backofen bei 200 °C (Gas: Stufe 3, Umluft: 180 °C) etwa 40 Minuten backen. Herausnehmen, mit der Butter bepinseln, den Kuchen noch etwa 10 Minuten in der Form lassen, dann zum Auskühlen auf ein Kuchengitter setzen. Nach dem Auskühlen mit Puderzucker bestäuben.

Kastenkuchen mit Quark

100 g weiche Butter
200 g Zucker
1 Päckchen Vanillezucker
4 Eier
1 Prise Salz
250 g abgetropfter Quark
250 g Mehl
50 g Stärkemehl
1 Päckchen Backpulver
1/8 l Milch
100 g Rosinen
50 g gehackte Mandeln
Butter für die Kastenform
Zwiebackbrösel zum Ausstreuen

Für die Glasur
180 g Puderzucker
2 EL Zitronensaft
30 g weiche Butter

Die Butter in einer Schüssel schaumig schlagen. Zucker, Vanillezucker, Eier und Salz unterrühren. Den Quark zufügen. Mehl, Stärkemehl und Backpulver vermischen. Mit der Milch zum Teig geben, dabei weiterrühren. Rosinen und Mandeln unterheben. Eine Kastenform ausbuttern, mit Zwiebackbröseln ausstreuen, den Teig einfüllen, glatt streichen und im vorgeheizten Backofen bei 200 °C (Gas: Stufe 3, Umluft: 180 °C) etwa 60 Minuten backen. Herausnehmen, 10 Minuten in der Form auskühlen lassen, dann auf ein Kuchengitter setzen. Puderzucker sieben und mit Zitronensaft und Butter zu einer Masse verrühren. Den Kuchen damit glasieren.

Mandelkuchen mit Schokoladen-glasur und kandierten Nelken

275 g weiche Butter
300 g Zucker
6 Eier, 1 Prise Salz
3 Tropfen Bittermandel-aroma
1/2 TL abgeriebene Zitronenschale
300 g Mehl
120 g Stärkemehl
1 Päckchen Backpulver
6 EL Milch
200 g gemahlene Mandeln
Butter und Zwieback-brösel für die Form

Für die Glasur
125 g Orangenmarmelade
200 g Zartbitter-Kuvertüre
Kandierte Nelken

In einer Schüssel die Butter schaumig schlagen. Zucker, Eier, Salz, Bittermandelaroma und Zitronenschale unterrühren. Mehl, Stärkemehl und Backpulver vermischen, sieben und mit der Milch in den Teig rühren. Danach die Mandeln unterheben.
Eine Napfkuchenform ausbuttern und mit Zwiebackbröseln ausstreuen. Den Teig einfüllen und glatt streichen. Im vorgeheizten Backofen bei 200 °C (Gas: Stufe 3, Umluft: 180 °C) etwa 60 Minuten backen. Herausnehmen, den Kuchen noch etwa 10 Minuten in der Form lassen, dann auf ein Kuchengitter stürzen.

Die Orangenmarmelade durch ein Sieb streichen, leicht erwärmen, den Kuchen damit überziehen. Die Kuvertüre zerkleinern, über heißem Wasserbad schmelzen, den Kuchen damit bestreichen. Auskühlen lassen. Mit kandierten Nelken verzieren.

So machen Sie kandierte Nelken selbst

Die frisch gepflückten (ungespritzten!) Blüten reinigen. Ein bis zwei Eiweiß leicht mit einer Gabel aufschlagen, die Blüten mit Hilfe einer Pinzette in die Eiweißmasse tauchen, das überflüssige Eiweiß abschütteln, dann die Blüten in ein Zuckerbett aus feinem Zucker (keinen Puderzucker verwenden!) legen und mit Zucker bestreuen. Die Blüten im Zucker oder im Backofen bei 50 °C und spaltbreit geöffneter Ofentür einige Stunden trocknen lassen.
Anstelle der Nelken können Sie für die Dekoration auch Veilchen, Röschen oder Rosenblütenblätter, Holunderblüten, Reseda, Robinien, Jasminblüten, Levkojen, Magnolien oder Gänseblümchen nehmen.

Walnusskuchen

250 g weiche Butter
200 g Zucker
1 Päckchen Vanillezucker
4 Eier
200 g Mehl
50 g Stärkemehl
3 gestrichene TL Backpulver
250 g geriebene Walnüsse

Butter und Zwiebackbrösel für die Napfkuchenform

Für die Glasur

200 g Puderzucker
2 EL Kakao
1 EL Rum
30 g Butter
Walnusshälften zum Dekorieren

In einer Schüssel die Butter schaumig schlagen. Zucker, Vanillezucker und die Eier einrühren. Mehl, Stärkemehl und Backpulver vermischen, auf die Buttermischung sieben, unterrühren und die Walnüsse unterheben.
Eine Napfkuchenform ausbuttern und mit Zwiebackbröseln ausstreuen. Den Teig einfüllen und im vorgeheizten Backofen bei 200 °C (Gas: Stufe 3, Umluft: 180 °C) etwa 60 Minuten backen. Herausnehmen, noch einige Minuten in der Form lassen, danach zum Auskühlen auf ein Kuchengitter setzen. Für die Glasur den Puderzucker sieben und mit dem Kakao, Rum, der Butter und ein bis zwei Esslöffeln heißem Wasser verrühren. Den Kuchen glasieren, mit Walnüssen verzieren.

Marmorkuchen

250 g weiche Butter
1 Päckchen Vanillezucker
225 g Zucker
4 Eier
1 Prise Salz
400 g Mehl
100 g Stärkemehl
1 Päckchen Backpulver
6 EL Milch
2 EL Kakao
75 g Bitterschokolade
4 EL Schlagsahne
Butter und Zwiebackbrösel für die Napfkuchenform

Für die Glasur
200 g Puderzucker
3 EL Kakao
30 g weiche Butter

In einer Schüssel die Butter schaumig schlagen. Vanillezucker und 200 Gramm Zucker einrühren, den restlichen Zucker für den Schokoladenteig beiseite stellen. Die Eier einrühren, das Salz zufügen. Mehl, Stärkemehl und Backpulver vermischen, sieben und mit der Milch einrühren. Eine Napfkuchenform ausbuttern und mit Zwiebackbröseln ausstreuen, die Hälfte des Teiges einfüllen. Für den restlichen Teig die Schokolade zerkleinern und über heißem Wasserbad schmelzen und mit dem Kakao, dem restlichen Zucker und der Schlagsahne unter den Teig rühren. Den Schokoladenteig auf den hellen Teig geben und glatt streichen. Für das Marmormuster eine Gabel in Spiralen durch den dunklen und hellen Teig ziehen. Im vorgeheizten Backofen bei 200 °C (Gas: Stufe 3, Umluft: 180 °C) etwa 60 Minuten backen. Herausnehmen, noch einige Minuten in der Form lassen, dann auf ein Kuchengitter stürzen. Für die Glasur den Puderzucker sieben und mit dem Kakao, zwei bis drei Esslöffeln heißem Wasser und der Butter verrühren, den Kuchen damit überziehen.

Hallenser Hallorenkuchen

300 g Rosinen
125 g Korinthen
1 Tasse Rum
250 g weiche Butter
200 g Zucker
6 Eier
1 TL abgeriebene Zitronenschale
1 TL Zimt
1 kräftige Prise Muskatblüte
600 g Mehl
150 g Stärkemehl
2 Päckchen Backpulver
1/2 l Milch
150 g gehackte Mandeln, darunter 3 bittere
Butter für die Napfkuchenform

Außerdem
70 g Butter zum Bestreichen
Puderzucker zum Bestäuben

Die gewaschenen Rosinen und Korinthen mit Rum begießen. In einer Schüssel die Butter schaumig schlagen.

Zucker, Eier, Zitronenschale, Zimt und Muskatblüte einrühren. Mehl, Stärkemehl und Backpulver vermischen, sieben, mit der Milch unter den Teig rühren. Die Mandeln, die abgetropften Rosinen und Korinthen unterheben.

Eine Napfkuchenform ausbuttern, den Teig einfüllen, glatt streichen und im vorgeheizten Backofen bei 220 °C (Gas: Stufe 4, Umluft: 200 °C) 60 Minuten backen. Herausnehmen, mit Butter bestreichen. Kuchen erst noch 10 Minuten in der Form ruhen lassen, dann herausnehmen und auf einem Kuchengitter abkühlen lassen. Mit Puderzucker bestäuben.

Margarethenkuchen

150 g weiche Butter
300 g Zucker
1 Päckchen Vanillezucker
6 Eier
5 Eigelb
1 Prise Salz
1 TL abgeriebene Zitronenschale
4 EL Zitronensaft
200 g Mehl
100 g Stärkemehl
1 gestrichener TL Backpulver
Butter für die Form

Für die Glasur

225 g Puderzucker
3 EL Zitronensaft

Außerdem

6 kandierte Kirschen

In einer Schüssel die Butter schaumig schlagen. Zucker, Vanillezucker, Eier, Eigelb, Salz, Zitronenschale und Zitronensaft einrühren. Mehl, Stärkemehl und Backpulver vermischen, sieben und unter den Teig rühren. Eine Napfkuchenform ausbuttern, den Teig einfüllen, glatt streichen und im vorgeheizten Backofen bei 200 °C (Gas: Stufe 3, Umluft: 180 °C) etwa 45 Minuten backen. Herausnehmen, noch 10 Minuten in der Form lassen, dann zum Auskühlen auf ein Kuchengitter setzen. Für die Glasur den Puderzucker sieben, mit Zitronensaft und ein bis zwei Esslöffeln heißem Wasser verrühren. Den Kuchen glasieren und ringsum mit kandierten Kirschen verzieren.

Dresdner Didsch-Kuchen

375 g weiche Butter
375 g feiner Zucker
8 Eier
1 Prise Salz
1 TL abgeriebene Zitronenschale
6 EL Zitronensaft
375 g Mehl
125 g Stärkemehl
1 Päckchen Backpulver
Butter und Zwiebackbrösel für Form

Für die Glasur
200 g Puderzucker
2 EL Zitronensaft
30 g weiche Butter

Die Butter schaumig schlagen. Zucker, Eier, Salz, Zitronenschale und -saft einrühren. Mehl, Stärkemehl und Backpulver vermischen, sieben und unter den Teig rühren. Eine Napfkuchenform ausbuttern, mit Zwiebackbröseln ausstreuen, den Teig einfüllen, glatt streichen, im vorgeheizten Backofen bei 200 °C (Gas: Stufe 3, Umluft: 180 °C) etwa 70 Minuten backen. Herausnehmen, nach 10 Minuten auf ein Kuchengitter setzen. Puderzucker sieben und mit Zitronensaft und der Butter verrühren. Den Kuchen damit glasieren.

Rührkuchen mit Äpfeln und Marzipan

1 Apfel
1 EL Zitronensaft
2 getrocknete Aprikosen
150 g weiche Butter
80 g Zucker
1 Päckchen Vanillezucker
2 Eier
1 Prise Salz
100 g Marzipan-Rohmasse
150 g Mehl
50 g Stärkemehl
1/2 Päckchen Backpulver
80 g gehackte Mandeln
6 EL Milch

Außerdem

100 g Aprikosenkonfitüre
Puderzucker zum Bestäuben

Den Apfel schälen, in Viertel, dann in kleine Würfel schneiden, dabei das Kernhaus entfernen. Mit Zitronensaft marinieren. Aprikosen in kleine Stücke schneiden.
In einer Schüssel die Butter schaumig schlagen. Zucker, Vanillezucker, die Eier und das Salz unterrühren. Marzipan-Rohmasse zerkleinern und dazugeben. Mehl, Stärkemehl und Backpulver vermischen, sieben, mit den Mandeln und der Milch einrühren. Die Äpfel und die Aprikosen unterheben.
Eine Kastenform mit Backpapier auslegen, den Teig einfüllen, glatt streichen und im vorgeheizten Backofen bei 200 °C (Gas: Stufe 3, Umluft: 180 °C) etwa 45 Minuten backen. Herausnehmen, 10 Minuten in der Form lassen. dann das Backpapier entfernen, den Kuchen zum Auskühlen auf ein Kuchengitter setzen.
Aprikosenkonfitüre durch ein Sieb streichen, erhitzen, Kuchen damit bestreichen, mit Puderzucker bestäuben.

Selterswasserkuchen

2 EL Rosinen
1 EL Weinbrand
4 Eier
2 Tassen Zucker
1 Tasse Öl
3 Tassen Mehl
1 Päckchen Backpulver
1 Prise Salz
1 TL abgeriebene
  Zitronenschale
50 g fein geschnittenes
  Zitronat
1 Tasse Selterswasser
Butter und Semmelbrösel
  für die Form

Für die Glasur
100 g Orangenmarmelade
200 g Puderzucker
2 EL Orangensaft
Kandierte Früchte

Die Rosinen mit dem Weinbrand beträufeln. Eier, Zucker und Öl in eine Schüssel geben und schaumig schlagen. Mehl und Backpulver vermischen, sieben und mit dem Salz, der Zitronenschale und dem Zitronat unterrühren. Zuletzt das Selterswasser zufügen.
Eine Napfkuchenform ausbuttern und mit Semmelbröseln ausstreuen. Den Teig einfüllen und im vorgeheizten Backofen bei 200 °C (Gas: Stufe 3, Umluft: 180 °C) etwa 50 Minuten backen. Herausnehmen, noch 10 Minuten in der Form lassen, dann auf ein Kuchengitter setzen. Die Orangenmarmelade leicht erwärmen, den Kuchen damit überziehen.

Für die Glasur den Puderzucker sieben, mit einem Esslöffel kochendem Wasser und dem Orangensaft verrühren, leicht über heißem Wasserbad erwärmen. Kuchen damit glasieren, mit kandierten Früchten dekorieren.

Schoko-Kranz-Kuchen

150 g weiche Butter
200 g Zucker
125 g gehackte Mandeln
4 Eier
1 Prise Salz
1/2 TL abgeriebene Zitronenschale
175 g Mehl
50 g Stärkemehl
2 TL Backpulver
100 g geraspelte Zartbitterschokolade
Butter für die Kranzform

Für die Glasur
250 g Puderzucker
3 EL Kakao
1 EL weiche Butter

Außerdem
Nusspralinen und Marzipanrosen (→ Seite 15)

10 g Butter und einen Esslöffel Zucker erhitzen und goldgelb werden lassen, die Mandeln zugeben, unter Rühren erhitzen, bis sie goldbraun sind, danach auf ein Kuchenblech geben.
In einer Schüssel die restliche Butter schaumig schlagen, den restlichen Zucker unterrühren. Die Eier, Salz und Zi-

tronenschale zufügen. Mehl, Stärkemehl und Backpulver vermischen, sieben und unterrühren. Die Mandeln auf dem Kuchenblech mit einem Nudelholz zerkleinern und mit der Schokolade zum Teig geben. Eine Kranzform ausbuttern, den Teig einfüllen und im vorgeheizten Backofen bei 180 °C (Gas: Stufe 2, Umluft: 160 °C) etwa 45 Minuten backen. Herausnehmen, 10 Minuten auskühlen lassen, aus der Form nehmen und auf ein Kuchengitter setzen.
Den Puderzucker in eine Schüssel sieben und mit dem Kakao, der Butter und zwei Esslöffeln kochendem Wasser zu einer dickflüssigen Masse verrühren. Den Kuchen damit überziehen und mit Nusspralinen und Marzipanrosen dekorieren.

Wie Sie Nusspralinen selbst herstellen

Wenn Sie die Nusspralinen selbst herstellen möchten, brauchen Sie 200 g Löffelbiskuits, 2 EL Kakao, 100 g gehackte Haselnüsse, 3 EL Honig, 2 EL Puderzucker und 1 TL Kakao zum Wälzen. Die Löffelbiskuits in einen Tiefkühlbeutel geben und mit einem Nudelholz mehrmals über die Tüte rollen, sodass feine Krümel entstehen. Die Krümel mit dem Kakao, den Nüssen und dem Honig vermengen und aus der Masse kleine Kugeln formen. Puderzucker und Kakao vermischen, die Kugeln darin wälzen. Kalt stellen.

Kaffeekranz

Für den Krokant
10 g Butter
60 g Zucker
100 g gehackte Haselnüsse
Für den Teig
100 g weiche Butter
150 g Zucker
1 Päckchen Vanillezucker
3 Eier
1 Prise Salz
150 g Mehl
80 g Stärkemehl
2 gestrichene TL Backpulver
50 g halbierte Mokkabohnen
Butter und Zwiebackbrösel für die Kranzform
Für die Glasur
200 g Puderzucker
1 TL Instant-Kaffee
Außerdem
Mokka-Schoko-Bohnen zum Verzieren

Für den Krokant die Butter zerlassen, Zucker zugeben, rühren, bis der Zucker leicht gebräunt ist. Haselnüsse dazugeben, so lange rühren, bis der Krokant goldbraun ist. Vom Herd nehmen, auf eine geölte Platte oder ein Kuchenblech geben. Sobald die Masse kalt ist, mit dem Nudelholz zerkleinern. Für den Teig die Butter in einer Schüssel schaumig schlagen. Zucker, Vanillezucker, Eier und Salz unterrühren. Mehl, Stärkemehl und Backpulver vermischen, sieben und einrühren. Den Krokant und die Mokkabohnen unterheben. Eine Kranzform ausbuttern, mit Zwiebackbröseln ausstreuen. Den Teig einfüllen, glatt streichen. Im vorgeheizten Backofen bei 200 °C (Gas: Stufe 3, Umluft: 180 °C) etwa 50 Minuten backen. Herausnehmen, 10 Minuten in der Form lassen, dann zum Auskühlen auf ein Kuchengitter setzen. Den Puderzucker sieben und mit dem Instant-Kaffee und zwei bis drei Esslöffeln heißem Wasser zu einer dickflüssigen Masse verrühren. Den Kuchen damit glasieren und mit Mokka-Schoko-Bohnen verzieren.

Gewürzkranz

180 g weiche Butter
225 g Zucker
1 Päckchen Vanillezucker
4 Eier
1 Prise Salz
1/2 TL gemahlene Nelken
1 Messerspitze abgeriebene Muskatnuss
300 g Mehl
1 Päckchen Schokoladenpuddingpulver
1 Päckchen Backpulver
100 geriebene Zartbitterschokolade
2 EL Milch
Butter und Zwiebackbrösel für die Kranzform

Außerdem
200 g Puderzucker
2 TL Eiweiß
2-3 EL Zitronensaft
1 Tropfen rote Lebensmittelfarbe
Goldene Zuckerperlen

Die Butter in einer Schüssel schaumig schlagen. Zucker und Vanillezucker einrühren. Eier, Salz, Nelken und Muskat ebenfalls zufügen. Mehl, Puddingpulver und Backpulver vermischen, sieben, mit der Schokolade und der Milch unterrühren. Der Teig soll schwer reißend vom Löffel fallen. Wenn nötig, noch etwas Milch zugeben.

Eine Kranzform ausbuttern, mit Zwiebackbröseln ausstreuen. Den Teig einfüllen. Im vorgeheizten Backofen bei 200 °C (Gas: Stufe 3, Umluft: 180 °C) etwa 60 Minuten backen. Herausnehmen, noch 10 Minuten in der Form lassen, dann stürzen.

Den Puderzucker mit dem Eiweiß, Zitronensaft und der Lebensmittelfarbe verrühren. Den Kuchen damit überziehen, mit Zuckerperlen verzieren.

Nusskranz

350 g weiche Butter
300 g Zucker
1 Päckchen Vanillezucker
8 Eier
1/2 TL Zimt
2 EL Rum
1 Prise Salz
200 g Mehl
50 g Stärkemehl
1 gestrichener TL Backpulver
2 EL Milch
250 g geröstete, gemahlene Haselnüsse
Butter und Zwiebackbrösel für die Kranzform

Für die Glasur
200 g Puderzucker
2 EL Kakao
30 g weiche Butter

Die Butter in einer Schüssel schaumig schlagen. Zucker, Vanillezucker, Eier, Zimt, Rum und Salz einrühren. Mehl, Stärkemehl und Backpulver vermischen, sieben und mit der Milch und den Haselnüssen unter den Teig rühren. Eine Kranzform ausbuttern und mit Zwiebackbröseln ausstreuen, den Teig einfüllen und glatt streichen. Im vorgeheizten Backofen bei 200 °C (Gas: Stufe 3, Umluft: 180 °C) etwa 50 Minuten backen. Herausnehmen und nach 10 Minuten auf ein Kuchengitter setzen. Den Puderzucker sieben, mit Kakao vermischen und mit zwei Esslöffeln heißem Wasser und der Butter verrühren. Den Kranz damit glasieren.

Schneller Rührkuchen mit Gelee

250 g weiche Butter
200 g Zucker
1 Päckchen Vanillezucker
3 Eier
1 Prise Salz
1/2 TL abgeriebene Zitronenschale
375 g Mehl
125 g Stärkemehl
1 Päckchen Backpulver
1/8 l Milch
Butter und Zwiebackbrösel für die Form

Außerdem

125 g Johannisbeergelee
100 g Puderzucker

Die Butter in einer Schüssel schaumig schlagen. Zucker, Vanillezucker, Eier, Salz und Zitronenschale einrühren. Mehl, Stärkemehl und Backpulver vermischen, sieben und mit der Milch unterrühren. Nur so viel Milch nehmen, bis der Teig schwer reißend vom Löffel fällt.

Eine Napfkuchenform ausbuttern und mit Zwiebackbröseln ausstreuen. Den Teig einfüllen und glatt streichen. Im vorgeheizten Backofen bei 200 °C (Gas: Stufe 3, Umluft: 180 °C) etwa eine Stunde backen. Herausnehmen, einige Minuten in der Form lassen, dann zum Auskühlen auf ein Kuchengitter setzen. Das Johannisbeergelee erwärmen, den Kuchen damit bestreichen und mit Puderzucker bestäuben. Sie können dem Johannisbeergelee ein bis zwei Esslöffel Johannisbeerlikör zugeben.

Rührkuchen mit Zestenstreifen und Marzipanherzen

300 g kleine mehlige Kartoffeln
175 g Mehl
60 g Stärkemehl
1 Päckchen Backpulver
5 Eier
125 g Butter
200 g Zucker
1 TL abgeriebene Zitronenschale
Je 100 g gemahlene und gehackte Mandeln
50 g fein geschnittenes Zitronat
Butter und Zwiebackbrösel für die Form

Für die Glasur
200 g Puderzucker
2 EL Zitronensaft
20 g Kokosfett

Außerdem
Zestenstreifen von 2 Zitronen
Rote Marzipanherzen

Die Kartoffeln in der Schale kochen, pellen und noch heiß durch die Kartoffelpresse in eine Schüssel drücken. Die Masse mit zwei Gabeln auflockern, auskühlen lassen. Mehl, Stärkemehl und Backpulver vermischen und auf die Kartoffelmasse sieben und vermengen. Die Eier trennen. In einer anderen Schüssel Butter schaumig schlagen, den Zucker und das Eigelb unterrühren. Zitronenschale, Mandeln, Zitronat und die Kartoffel-Mehl-

Mischung zufügen. Eiweiß steif schlagen, unterheben. Eine Springform ausbuttern, mit Zwiebackbröseln ausstreuen, den Teig einfüllen, glatt streichen und im vorgeheizten Backofen bei 180 °C (Gas: Stufe 2, Umluft: 160 °C) etwa 50 Minuten backen. Herausnehmen, noch etwa 10 Minuten in der Form lassen, dann zum Auskühlen auf ein Kuchengitter setzen.
Den Puderzucker in eine Schüssel sieben; den Zitronensaft und das zerlassene, ausgekühlte Kokosfett einrühren. Den Kuchen damit überziehen und mit Zestenstreifen und Marzipanherzen dekorieren.

Wie Sie die Dekoration selbst herstellen

Zesten lassen sich leicht herstellen, wenn man einen Zestenschneider kräftig über die Oberfläche der Zitrone oder Orange zieht. Schälen Sie die bittere weiße Haut nicht mit ab! Danach werden die Streifen eine halbe Minute in kochendem Wasser blanchiert, anschließend kalt abgeschreckt. Man gibt sie abgetrocknet auf den Kuchen.
Auch die Marzipanherzen können Sie selbst machen. Dazu verkneten Sie 100 Gramm Marzipan-Rohmasse mit 50 Gramm gesiebtem Puderzucker und einem Tropfen roter Lebensmittelfarbe, rollen das Marzipan dann zwischen zwei Lagen Frischhaltefolie oder auf einer Schicht Puderzucker dünn aus und stechen kleine rote Herzen aus.

Rührkuchen mit Marzipan

300 g weiche Butter
180 g Zucker
1 EL Rosenzucker
4 Eier
1 Prise Salz
1/2 TL abgeriebene Zitronenschale
200 g Mehl
100 g Stärkemehl
2 TL Backpulver
Butter und Semmelbrösel für die Springform

Für die Glasur

125 g Aprikosenkonfitüre
300 g Marzipan-Rohmasse
150 g Puderzucker
250 g weiße Kuvertüre
1 EL Kokosfett
Goldene Zuckerperlen
Rote Marzipanrosen (→ Seite 15)

In einer Schüssel die Butter schaumig schlagen. Zucker, Rosenzucker, Eier, Salz und Zitronenschale einrühren. Mehl, Stärkemehl und Backpulver vermischen, sieben und unterrühren. Eine Springform ausbuttern, den Teig einfüllen, glatt streichen und im vorgeheizten Backofen bei 180 °C (Gas: Stufe 2, Umluft: 160 °C) etwa 50 Minuten backen. Herausnehmen, 10 Minuten in der Form auskühlen lassen, dann auf ein Kuchengitter setzen.
Die Aprikosenkonfitüre mit zwei Esslöffeln Wasser in einen Topf geben, leicht erhitzen, durch ein Sieb streichen. Den Kuchen damit überziehen. Für den Marzi-

panüberzug die Arbeitsfläche mit Puderzucker besieben, das Marzipan dünn ausrollen. Einen Kreis im Durchmesser des Kuchens schneiden und auf den Kuchen legen. Das restliche Marzipan für den Tortenrand verkneten, ausrollen, in Streifen schneiden, den Kuchenrand damit umlegen. Die Kuvertüre zerkleinern und mit dem Kokosfett im Wasserbad schmelzen. Den Kuchen glasieren, mit Zuckerperlen und Marzipanrosen verzieren.

Wie Sie Rosenzucker selbst herstellen

Rosenzucker gibt Kuchenteigen das gewisse Extra. Einen kleinen Vorrat sollten Sie immer parat haben. Er lässt sich ganz leicht herstellen. Sie brauchen dafür 100 g frisch gepflückte, ungespritzte Rosenblüten. Von den Rosenblütenblättern wird der bittere Stielansatz entfernt. Danach die Blätter mit Zitronensaft von einer Zitrone beträufeln und zwei Stunden ziehen lassen. 100 Gramm Zucker zugeben, die Rosenblätter darin zerreiben und danach in ein gut verschließbares Glas füllen.

Zitronenkuchen

250 g weiche Butter
250 g Zucker
5 Eier
1 Prise Salz
3 EL Rum
250 g Mehl
100 g Stärkemehl
2 EL Backpulver
1/8 l Zitronensaft
150 g Puderzucker
Butter und Zwiebackbrösel für die Form

In einer Schüssel die Butter schaumig schlagen. Zucker, Eier, Salz und Rum hineinrühren. Mehl, Stärkemehl und Backpulver vermischen, sieben und unter den Teig rühren. Eine Napfkuchenform ausbuttern und mit Zwiebackbröseln ausstreuen, den Teig einfüllen und glatt streichen. Im vorgeheizten Backofen bei 200 °C (Gas: Stufe 3, Umluft: 180 °C) etwa 50 Minuten backen. Den Kuchen herausnehmen, 10 Minuten in der Form auskühlen lassen, dann auf ein Kuchengitter stürzen Den Kuchen auf der Oberseite mit einem Hölzchen dicht nebeneinander einstechen. Den Zitronensaft mit 100 g Puderzucker verrühren und über den Kuchen gießen.
Mit dem restlichen Puderzucker bestäuben.

Rührkuchen mit Schokolade

200 g weiche Butter
200 g Zucker
1 Päckchen Vanillezucker
4 Eier, 1 Prise Salz
3 EL Rum
400 g Mehl
100 g Stärkemehl
1 Päckchen Backpulver
$^{1}/_{8}$ l Milch
200 g bittere Blockschokolade
Butter und Zwiebackbrösel für die Form

Für die Glasur
200 g Puderzucker
3 EL Kakao
1 EL weiche Butter
Schokoladenstreusel

In einer Schüssel die Butter schaumig schlagen. Den Zucker, Vanillezucker und die Eier unterrühren. Salz und den Rum hinzufügen. Mehl, Stärkemehl und Backpulver vermischen, sieben und mit der Milch unter den Teig mengen. Die Schokolade zerkleinern und hinzugeben.
Eine Napfkuchenform ausbuttern und mit Zwiebackbröseln ausstreuen. Den Teig einfüllen und glatt streichen. Im vorgeheizten Backofen bei 200 °C (Gas: Stufe 3, Umluft: 180 °C) etwa 60 Minuten backen. Herausnehmen, 10 Minuten in der Form auskühlen lassen, dann auf ein Kuchengitter setzen.
Für die Glasur den Puderzucker sieben und mit zwei bis drei Esslöffeln kochendem Wasser, dem Kakao und der

Butter zu einer dickflüssigen Masse verrühren. Den Kuchen glasieren und mit Schokoladenstreuseln bestreuen.

Rührkuchen mit Eierlikör

125 g weiche Butter
200 g Zucker
4 Eier
1/8 l Eierlikör
2 EL Vanille-Puddingpulver
2 gestrichene TL Backpulver
300 g Mehl
Butter für die Form

Für die Glasur
150 g Puderzucker
1–2 TL Zitronensaft
30 g weiche Butter
100 g ganze geröstete Mandeln

Die Butter schaumig schlagen. Zucker, Eier, Eierlikör zufügen. Puddingpulver, Backpulver und Mehl mischen und einrühren. Eine Springform ausbuttern, den Teig hineingeben, glatt streichen und im vorgeheizten Backofen bei 200 °C (Gas: Stufe 3, Umluft: 180 °C) etwa 50 Minuten backen. Herausnehmen, 10 Minuten in der Form auskühlen lassen, dann auf ein Kuchengitter setzen. Für die Glasur den Puderzucker sieben und mit dem Zitronensaft und der Butter zu einer dickflüssigen Masse rühren. Den Kuchen mit der Glasur überziehen und mit den ganzen gerösteten Mandeln verzieren.

Oberlausitzer Rührkuchen mit Gänsefett

200 g Gänsefett
150 g Zucker
1 Päckchen Vanillezucker
4 Eier
1 Prise Salz
4 EL Weinbrand
400 g Mehl
2 gestrichene TL Backpulver
1 EL Stärkemehl
6 EL Milch
250 g Johannisbeergelee
Je 2 EL geröstete Mandeln und Haferflocken

Außerdem

Butter für die Form
Puderzucker zum Bestäuben

In einer Schüssel Gänsefett, Zucker und Vanillezucker schaumig rühren. Eier, Salz und Weinbrand dazugeben. Mehl, Backpulver und Stärkemehl vermischen, sieben und mit der Milch unterrühren. Eine Napfkuchenform ausbuttern, den Teig einfüllen, im vorgeheizten Backofen bei 200 °C (Gas: Stufe 3, Umluft: 180 °C) etwa 50 Minuten backen. Herausnehmen, 10 Minuten auskühlen lassen.

Für die Glasur das Johannisbeergelee langsam erhitzen, die Haferflocken und Mandeln einrühren, den Kuchen damit bestreichen und anschließend mit reichlich Puderzucker bestäuben.

Feiner Sandkuchen mit Schwarz-Weiß-Glasur

300 g weiche Butter
225 g feiner Zucker
1 Päckchen Vanillezucker
5 Eier
1 Prise Salz
1 TL abgeriebene Zitronenschale
150 g Mehl
150 g Stärkemehl
1 Päckchen Backpulver
2 EL getrocknete Holunderblüten

Für die Glasur
200 g Puderzucker
30 g Butter
1 TL Kakao

Für den Teig die Butter in einer Schüssel schaumig schlagen. Zucker und Vanillezucker unterrühren. Eier, Salz und Zitronenschale zugeben. Mehl, Stärkemehl und Backpulver vermischen, sieben und einrühren. Holunderblüten unterheben. Eine Kastenform mit Backpapier auslegen, den Teig einfüllen und glatt streichen. Im vorgeheizten Backofen bei 180 °C (Gas: Stufe 2, Umluft: 160 °C) etwa 60 Minuten backen. Herausnehmen, noch 10 Minuten in der Form lassen, das Backpapier entfernen, den Kuchen auf einem Kuchengitter auskühlen lassen.
Für die Glasur den Puderzucker sieben und mit zwei bis drei Esslöffeln Wasser zu einer dickflüssigen Masse ver-

rühren. Die erhitzte Butter einrühren. Einen Esslöffel von der Glasur mit dem Kakao verrühren und beiseite stellen. Den Kuchen mit der weißen Glasur bestreichen. Die dunkle Glasur in eine Tüte aus Pergamentpapier füllen und den Kuchen mit feinen Linien überziehen.

Topfkuchen

200 g Rosinen
4 EL Rum
50 g Zitronat
6 Eier
250 g Butter
200 g Zucker
500 g Mehl
1 Päckchen Backpulver
1/8 l Milch
125 g gehackte Mandeln

Für die Glasur
200 g Zartbitterkuvertüre
Schokoröllchen (→ Seite 59)

Außerdem
Butter für die Form
2 EL gehackte Mandeln

Für den Teig die Rosinen mit dem Rum begießen, das Zitronat in kleine Würfel schneiden. Die Eier trennen. Die Butter schaumig schlagen. Zucker und Eigelb unterrühren. Das Mehl mit dem Backpulver vermischen, sieben und mit der Milch einrühren. Rosinen, Zitronat und Mandeln dazugeben. Das Eiweiß steif schlagen und unterheben.

Eine Napfkuchenform ausbuttern und mit den Mandeln ausstreuen. Den Teig einfüllen und glatt streichen. Bei 200 °C (Gas: Stufe 3, Umluft: 180 °C) etwa 60 Minuten backen. Herausnehmen, 10 Minuten in der Form auskühlen lassen, dann den Kuchen auf ein Kuchengitter setzen.

Für die Glasur die Kuvertüre zerkleinern, über heißem Wasserbad schmelzen, den Kuchen damit überziehen. Mit Schokoröllchen (→ Seite 59) verzieren.

Unser Tipp

Eine Glasur aus Kuvertüre wird besonders glänzend, wenn man die Kuvertüre im Wasserbad bei maximal 50 °C zum Schmelzen bringt, auskühlen lässt und danach ein zweites Mal schmilzt. Die Hitze darf nicht zu stark sein, weil sich sonst Krümel bilden können und die Kuvertüre stumpf wird.

Dunkler Rührkuchen mit Rumguss

200 g weiche Butter
300 g Zucker
4 Eier
3 EL Milch
6 EL Kakao
250 g Mehl
1 EL Stärkemehl
2 TL Backpulver
50 g gemahlene Haselnüsse
125 g gehackte Haselnüsse
Butter für die Springform

Für die Glasur

200 g Puderzucker
2 EL Rum
30 g weiche Butter
150 g Zartbitterschokolade

Die Butter schaumig schlagen. Zucker, Eier und Milch zufügen. Kakao, Mehl, Stärkemehl und Backpulver mischen, sieben und unterrühren. Nüsse unterheben.
Eine Springform ausbuttern, den Teig einfüllen, glatt streichen und im vorgeheizten Backofen bei 180 °C (Gas: Stufe 2, Umluft: 160 °C) etwa 40 Minuten backen. Herausnehmen, 10 Minuten in der Form auskühlen lassen, auf ein Kuchengitter setzen.
Für die Glasur den Puderzucker sieben und mit dem Rum und der Butter zu einer dickflüssigen Masse verrühren. Den Kuchen damit überziehen. Kalt stellen. Sobald die Glasur fest geworden ist, von der Schokolade mit einem Kartoffelschäler von der Schmalseite her Schokospäne abschaben und den Kuchen damit verzieren.

Rührkuchen mit Quark

100 g Rosinen
4 EL Rum
150 g Butter
200 g Zucker
3 Eier
1 Prise Salz
1 TL abgeriebene Zitronenschale
4 EL saure Sahne
250 g abgetropfter Quark
400 g Mehl
1 Päckchen Backpulver
Mehl zum Bearbeiten
Butter für die Form
1 EL Semmelbrösel
Puderzucker zum Bestäuben

Die Rosinen mit dem Rum beträufeln. In einer Schüssel die Butter schaumig rühren. Zucker, Eier, Salz, Zitronenschale und danach die saure Sahne und den Quark zugeben. Mehl und Backpulver vermischen, sieben und unterrühren. Die Rosinen unterheben. Eine Napfkuchenform ausbuttern, mit Semmelbröseln ausstreuen, den Teig einfüllen, glatt streichen und im vorgeheizten Backofen bei 200 °C (Gas: Stufe 3, Umluft: 180 °C) etwa 60 Minuten backen. Herausnehmen, 10 Minuten in der Form auskühlen lassen, auf ein Kuchengitter setzen und mit Puderzucker bestäuben.

Variante: Dieser Kuchen schmeckt auch mit einer Schokoladenglasur ganz ausgezeichnet. Dafür 200 Gramm

Puderzucker sieben und mit 3 Esslöffeln Kakao, 2 Esslöffeln heißem Wasser und 30 Gramm Butter zu einer dickflüssigen Masse verrühren. Den Napfkuchen damit überziehen.

Flacher Rührkuchen mit Weinbrand

Je 100 g Korinthen und Sultaninen
4 EL Weinbrand
Je 75 g Zitronat und getrocknete Aprikosen
175 g weiche Butter
50 g Zucker
Je 1 Prise Salz,
Zimt und Ingwer
1 TL abgeriebene Zitronenschale
6 Eier
250 g Mehl
2 EL Stärkemehl
2 gestrichene TL Backpulver

Außerdem

8 EL Weinbrand
200 g Puderzucker
3 EL Kakao
30 g weiche Butter
Schokoladenherzen

Korinthen und Sultaninen waschen, trocken tupfen und mit Weinbrand beträufeln. Zitronat und Aprikosen fein schneiden.

Butter und Zucker in einer Schüssel schaumig schlagen. Salz, Zimt, Ingwer, Zitronenschale und Eier einrühren. Mehl, Stärkemehl und Backpulver vermischen und ebenfalls unterrühren. Korinthen, Sultaninen, Zitronat und Aprikosen unterheben.

Ein Backblech mit Backpapier auslegen, den Teig darauf geben und im vorgeheizten Backofen bei 200 °C (Gas: Stufe 3, Umluft: 180 °C) etwa 25 Minuten backen. Herausnehmen, etwas auskühlen lassen, mit Weinbrand beträufeln.

Puderzucker sieben und mit dem Kakao, der Butter und zwei Esslöffeln heißem Wasser zu einer dickflüssigen Masse verrühren. Den Kuchen mit Linien und Tupfen verzieren. Schokoladenherzen (→ Seite 59) aufsetzen.

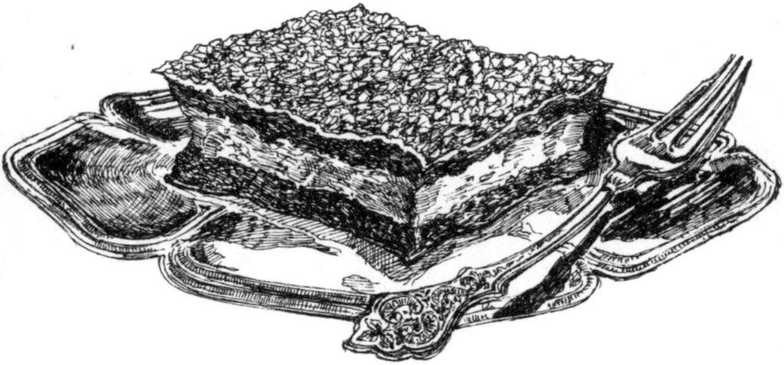

Würziges Kuchenherz

100 g weiche Butter
80 g Zucker
2 Eier
1/4 TL abgeriebene Zitronenschale
4 EL Milch
120 g Mehl
25 g Stärkemehl
Knapp 1/2 Päckchen Backpulver
1 EL Rosinen
1 TL fein geschnittenes Orangeat
Butter für die Herzform von 1200 ml

Für die Glasur

150 g Puderzucker
1–2 EL Zitronensaft
30 g weiche Butter

Außerdem

Schokoblätter
Zuckerperlen

Die Butter schaumig schlagen. Zucker, Eier, Zitronenschale und Milch einrühren. Mehl, Stärkemehl und Backpulver mischen, sieben und mit Rosinen und Orangeat zum Teig geben. Eine Herzform ausbuttern, den Teig einfüllen und im vorgeheizten Backofen bei 200 °C (Gas: Stufe 3, Umluft: 180 °C) etwa 40 Minuten backen. Herausnehmen, nach 10 Minuten auf ein Kuchengitter setzen und auskühlen lassen. Für die Glasur den Puderzucker sieben und mit Zitronensaft und der Butter zu einer dickflüssigen Masse verrühren. Den Kuchen damit überziehen; mit Schokoblättern und Zuckerperlen verzieren.

Rührkuchenherz

80 g weiche Butter
80 g Zucker
4 Eier
1 TL abgeriebenene Zitronenschale
1 Prise Salz
1 Prise gemahlener Ingwer
125 g Mehl
40 g Stärkemehl
2 gestrichene TL Backpulver
1 EL gemahlene Haselnüsse
100 g fein geschnittener kandierter Ingwer
100 g fein geschnittene getrocknete Aprikosen
1 Prise gemahlener Ingwer
100 g Aprikosenkonfitüre
2 EL Aprikosenlikör

Für die Verzierung

250 g Marzipan-Rohmasse
125 g Puderzucker
Puderzucker zum Ausrollen

Für die Glasur

180 g Puderzucker
2 TL Eiweiß
1-2 EL Zitronensaft

Außerdem

Zuckerperlen
Schokoladenherzen
Marzipanrosen

In einer Schüssel Butter schaumig schlagen. Zucker, Eier, Zitronenschale, Salz und Ingwer zugeben. Mehl, Stärkemehl und Backpulver vermischen und unterrühren. Haselnüsse, Ingwer und Aprikosen unterheben. Eine Herzform von 1,5 l Inhalt mit Backpapier auslegen, den Teig einfüllen und im vorgeheizten Backofen bei 200 °C (Gas: Stufe 3, Umluft: 180 °C) etwa 40 Minuten backen. Herausnehmen, in der Form auskühlen lassen, dann auf ein Kuchengitter setzen. Die Aprikosenkonfitüre durch ein Sieb streichen, mit dem Likör verrühren, den Kuchen damit bestreichen. Für die Decke Marzipan und Puderzucker verkneten, auf Puderzucker ausrollen. Ein Herz im Durchmesser des Kuchens ausschneiden, auf die Torte legen. Die Reste verkneten, einen langen, schmalen Streifen ausrollen, daraus den Rand für den Kuchen schneiden und um den Kuchen legen. Für die Glasur den Puderzucker sieben und mit dem Eiweiß und Zitronensaft zu einer dickflüssigen Masse verrühren. Den Kuchen damit überziehen. Mit Zuckerperlen, Schokoladenherzen (siehe Tipp unten) und Marzipanrosen (→ Seite 15) verzieren.

Wie Sie Verzierungen selbst herstellen

Für Schokoröllchen streicht man die geschmolzene Kuvertüre dünn auf eine Marmorplatte oder ein kaltes Backblech. Kurz bevor die Kuvertüre hart wird, schabt man sie mit einem Spatel zu Röllchen.

Für Schokoladenherzen wird ein Backblech mit Frischhaltefolie ausgeschlagen. Darauf gibt man die geschmolzene Kuvertüre, bedeckt sie mit Folie, rollt sie einen halben Zentimeter dick aus und stellt sie zwei Stunden kalt. Danach kann man mit kleinen Ausstechformen Herzchen ausstechen.

Feiner Apfelsinenkuchen mit Goldfäden

200 g weiche Butter
200 g feiner Zucker
1 Päckchen Vanillezucker
3 Eier
1 Prise Salz
200 g Mehl
100 g Stärkemehl
3 gestrichene TL Backpulver
3 EL Milch

Außerdem
125 g feiner Zucker
Je 1/2 TL abgeriebene Zitronen- und Apfelsinenschale
Saft von 1 Zitrone und von 2 Apfelsinen

Für die Goldfäden
250 g Zucker
1 TL Zitronensaft

Die Butter in einer Schüssel schaumig schlagen. Zucker, Vanillezucker, Eier und Salz einrühren. Mehl, Stärkemehl und Backpulver vermischen, sieben und mit der Milch unterrühren. Eine Springform mit Backpapier auslegen, den Teig einfüllen, im vorgeheizten Backofen bei 200 °C (Gas: Stufe 3, Umluft: 180 °C) etwa 50 Minuten backen. Den Zucker mit der Zitronen- und Apfelsinenschale vermischen, den Saft unterrühren. Die Masse auf den gebackenen Kuchen geben, 5–6 Minuten weiter backen. Herausnehmen, 10 Minuten auskühlen lassen.

Für die Goldfäden den Zucker mit drei Esslöffeln Wasser und Zitronensaft zu goldgelbem Karamell kochen. Etwas abkühlen lassen. Mit einer Gabel aus dem Karamell feine Fäden ziehen und den Kuchen umspinnen.

Rührkuchen mit Ananas

50 g frischer Ingwer
125 g Marzipan-Rohmasse
80 g kandierte Ananas
20 g Orangeat
250 g Butter
125 g Zucker
4 Eier
1 Prise Salz
1/2 TL abgeriebene Zitronenschale
1 Messerspitze Zimt
100 g Honig
250 g Mehl
100 g Stärkemehl
1 Päckchen Backpulver
Butter für die Form
4 EL Orangensaft
2 EL Orangenlikör

Für die Glasur

300 g weiße Kuvertüre
100 g Zartbitterkuvertüre
150 g gehackte Pistazienkerne

Den Ingwer schälen und in kleine Würfel schneiden. Marzipan, Ananas und Orangeat ebenfalls klein würfeln. Die Butter in einer Schüssel schaumig schlagen. Zucker, Eier, Salz, Zitronenschale, Zimt, Honig, Ingwer, Marzipan, Ananas und Orangeat einrühren. Mehl, Stärkemehl und Backpulver vermischen und unterrühren. Eine Springform ausbuttern, den Teig einfüllen. Im vorgeheizten Backofen bei 180 °C (Gas: Stufe 2, Umluft: 160 °C) etwa 60 Minuten backen. Herausnehmen, abkühlen lassen, mit Orangensaft und Orangenlikör beträufeln. Die weiße Kuvertüre im Wasserbad schmelzen und Kuchen glasieren. 30 Minuten kalt stellen. Die Zartbitterkuvertüre schmelzen, in Spritztüten aus Pergamentpapier füllen und die Torte mit wellenförmigen Linien dekorieren. Mit den Pistazienkernen dekorieren.

Rührkuchen mit Mandeldecke

350 g weiche Butter
350 g Zucker
6 Eier
1 EL abgeriebene Orangenschale
300 g Mehl
50 g Stärkemehl
1 Päckchen Backpulver
150 g geriebene Mandeln
Saft von 2 Orangen

Für den Überzug
150 g Orangenmarmelade
2 EL Puderzucker
400 g Marzipanrohmasse
300 g weiße Kuvertüre
20 g Kokosfett

Für die Dekoration
100 g geröstete (abgezogene) Mandeln
Marzipanrosen

Die Butter schaumig schlagen. Zucker, Eier und Orangenschale zugeben. Das Mehl mit Stärkemehl und Backpulver vermischen, sieben und unterrühren. Mandeln und Orangensaft ebenfalls hinzufügen. Eine Springform von 26 cm Durchmesser mit Backpapier auslegen. Den Teig einfüllen und im vorgeheizten Backofen bei 180 °C (Gas: Stufe 2, Umluft: 160 °C) etwa 35 Minuten backen. Herausnehmen, etwas auskühlen lassen, das Backpapier entfernen und den Kuchen auf ein Kuchengitter setzen. Für den Überzug die Marmelade erhitzen und den Kuchen damit ringsum bestreichen. Die Arbeitsfläche mit Puderzucker bestäuben, das Marzipan dünn ausrollen. Einen Kreis von 28 cm Durchmesser schneiden und auf die Oberfläche des Kuchens legen. Etwas andrücken. Für den Kuchenrand das restliche Marzipan verkneten, ausrollen, in Streifen schneiden, um den Kuchen legen und festdrücken. Überstehende Ränder nach innen rollen und ebenfalls festdrücken. Die Kuvertüre zerkleinern, das Kokosfett zugeben und alles im warmen Wasserbad schmelzen. Mit zwei Dritteln der Kuvertüre den Kuchen ringsum bestreichen. Den Rest in eine Tüte aus Pergamentpapier füllen und zierliche Muster auf den Kuchen spritzen. Den Kuchen ringsum und in der Mitte mit gerösteten, unzerteilten Mandeln dekorieren. Marzipanrosen (→ Seite 15) in die Mitte setzen.

Rührkuchen mit Füllung

Gefüllter Festtagskuchen

200 g weiche Butter
200 g Zucker
1 Päckchen Vanillezucker
3 Eier
1 Prise Salz
300 g Mehl
30 g Stärkemehl
2 gestrichene TL Backpulver
4 EL Milch
Butter für die Form

Für die Füllung
8 EL Nussnugatcreme
3 EL Schmand

Für die Glasur
200 g Puderzucker
2 EL Kakao
30 g weiche Butter
Goldene Zuckerperlen

Die Butter in einer Schüssel schaumig schlagen. Zucker, Vanillezucker, Eier und Salz einrühren. Mehl, Stärkemehl und Backpulver vermischen, sieben, mit der Milch unterrühren. Eine Napfkuchenform ausbuttern, den Teig einfüllen, glatt streichen. Im vorgeheizten Backofen bei 180 °C (Gas: Stufe 2, Umluft: 160 °C) etwa 60 Minuten backen. Herausnehmen, zum Auskühlen auf ein Kuchengitter stürzen. Den Kuchen zwei Mal waagerecht durchschneiden. Für die Füllung Nugatcreme und

Schmand verrühren, zwischen die zwei Schichten geben. Puderzucker sieben und mit dem Kakao, zwei Esslöffeln heißem Wasser und der Butter verrühren. Den Kuchen damit überziehen und mit Zuckerperlen verzieren.

Unser Tipp

Soll ein Kuchen oder Teigboden ein- oder mehrmals durchgeschnitten werden, markiert man mit einem kleinen spitzen Messer die einzelnen Schichten und schneidet ringsum etwa einen Zentimeter tief ein. Mit einem speziellen Tortenschneider lässt sich der Boden ganz leicht teilen. Dann den Boden mit einer Palette oder einem breiten Messer abheben. Wer keinen Tortenschneider hat, kann sich mit reißfestem Zwirn helfen: Einfach den Zwirn um die Einschnitte legen, die Enden überkreuzen und den Boden mit straff gespanntem Faden teilen.

Feuriger Rührkuchen

100 g Sultaninen
100 g Korinthen
4 EL Weinbrand
50 g getrocknete Aprikosen
50 g Zitronat
150 g Butter
150 g Zucker
6 Eier
Je 1 Prise Salz, Zimt
und Ingwer
200 g Mehl
1 TL Backpulver
2 EL Milch

Außerdem
100 ml Weinbrand

Für die Creme
$^{1}/_{2}$ l Milch
1 Päckchen Puddingpulver
Vanillegeschmack
2 EL Zucker
1 Päckchen Vanillezucker
200 g Butter
50 g Kokosfett
200 g geraspelte
bittere Schokolade

Sultaninen und Korinthen mit Weinbrand beträufeln. Aprikosen und Zitronat fein schneiden. Die Butter schaumig rühren. Zucker, Eier, Salz, Zimt und Ingwer zugeben. Mehl und Backpulver einrühren. Sultaninen, Korinthen, Aprikosen und Zitronat unterheben. In einer Kastenform bei 200 °C (Gas: Stufe 3, Umluft: 180 °C) etwa 50 Minuten backen. Herausnehmen, auskühlen lassen und stürzen. Weinbrand in die Kuchenform gießen, den Kuchen hineinlegen, über Nacht ruhen lassen.

Für die Creme am nächsten Tag den Pudding nach Angabe auf der Packung zubereiten. Vanillezucker dazugeben. Kurz aufkochen, dann abkühlen. Butter und Kokosfett verrühren, den Pudding esslöffelweise zufügen. Den Kuchen waagerecht durchschneiden, mit der Hälfte der Creme füllen und mit restlicher Creme bestreichen. Mit geraspelter Schokolade verzieren.

Rührkuchen mit Schokoladen-Creme

250 g weiche Butter
250 g Zucker
4 Eier
1 Prise Salz
1/2 TL abgeriebene Zitronenschale
200 g Mehl
2 EL Stärkemehl
1 TL Backpulver
Butter für Form

Für die Creme

2 TL Stärkemehl
100 g Zucker
2 EL Kakao
1 Päckchen Schokoladen-Puddingpulver
1/2 l Milch
300 g Butter

Für die Glasur

250 g Puderzucker
3 EL Kakaopulver
30 g weiche Butter
Schokoladenröllchen (→ Seite 59)

Die Butter schaumig schlagen. Zucker, Eier, Salz und Zitronenschale einrühren. Mehl, Stärkemehl und Backpulver mischen, sieben und unterrühren. Eine Springform ausbuttern, den Teig einfüllen und glatt streichen. Im vorgeheizten Backofen bei 200 °C (Gas: Stufe 3, Umluft: 180 °C) etwa 50 Minuten backen. Herausnehmen, nach 10 Minuten auf einem Kuchengitter auskühlen lassen. Den Kuchen dreimal waagerecht durchschneiden, sodass vier Böden entstehen. Für die Creme Stärkemehl, Zucker und Kakao mit dem Puddingpulver mischen und in etwas kalter Milch glatt rühren. Die restliche Milch zum Kochen bringen, die angerührte Masse hineingeben, verrühren und aufkochen lassen. Vom Herd nehmen und auf Zimmertemperatur abkühlen lassen. Dabei mehrmals umrühren, damit sich keine Haut bildet. Die Butter, die ebenfalls Zimmertemperatur haben muss, schaumig rühren. Esslöffelweise den Pudding einrühren. Drei Böden mit der Creme bestreichen und aufeinander setzen. Der letzte Boden bildet den Abschluss.
Für die Glasur den Puderzucker mit dem Kakao vermischen und in eine Schüssel sieben. Zwei bis drei Esslöffel heißes Wasser und die Butter zufügen. Alles zu einer dickflüssigen Masse verrühren. Den Kuchen ringsum mit einem breiten Messer bestreichen und kühl stellen. Mit Schokoröllchen verzieren.

Gefüllter Zimtkuchen

200 g weiche Butter
200 g Zucker
3 Eier
1 Prise Salz
250 g Mehl
125 g Stärkemehl
2 TL Backpulver
1 TL Zimt
4 EL Milch
Puderzucker zum Bestäuben

Für die Füllung

6 Pfirsichhälften (Dose)
100 g gehackte Mandeln
2 EL Zucker

Für den Teig die Butter in einer Schüssel schaumig schlagen. Zucker, Eier und Salz unterrühren. Mehl, Stärkemehl und Backpulver vermischen, sieben und mit dem Zimt und der Milch in die Buttermischung einrühren.
Eine Springform mit Backpapier auslegen, den Teig einfüllen. Die Pfirsiche abtropfen lassen, in Viertel schneiden. Die Viertel an der runden Seite mehrmals einschneiden und auf den Teig geben. Mit Mandeln und Zucker bestreuen. Im vorgeheizten Backofen bei 200 °C (Gas: Stufe 3, Umluft: 180 °C) etwa 45 Minuten backen. Den Kuchen 10 Minuten in der Form lassen. Das Backpapier entfernen, den Kuchen zum Auskühlen auf ein Kuchengitter setzen. Mit Puderzucker bestäuben.

Gefüllter Nugatkuchen

250 g weiche Butter
125 g Zucker
1 Päckchen Vanillezucker
4 Eier
1 Prise Salz
200 g Mehl
50 g Stärkemehl
1 gestrichener TL Backpulver
80 g Nugat, in kleine Würfel geschnitten
Butter für die Form

Für die Füllung
100 g Johannisbeergelee
$^1/_2$ l Schlagsahne
1 EL Zucker
1 Päckchen Sahnesteif
2 EL fein gehackte Walnusskerne

Für die Glasur
125 g Nugatmasse
30 g Kokosfett

Außerdem
Walnusshälften

Für den Teig die Butter schaumig schlagen. Zucker, Vanillezucker, Eier und Salz zugeben. Mehl, Stärkemehl und Backpulver vermischen, sieben und unterrühren. Die Nugatwürfel unterheben.

Eine Springform ausbuttern, den Teig einfüllen, glatt streichen. Im vorgeheizten Backofen bei 200 °C (Gas: Stufe 3, Umluft: 180 °C) etwa 40 Minuten backen. Herausnehmen, 10 Minuten in der Form lassen, dann zum Auskühlen auf ein Kuchengitter geben. Den Kuchen zwei Mal waagerecht durchschneiden, sodass drei Böden ent-

stehen. Das Johannisbeergelee leicht erwärmen, den unteren Boden damit bestreichen und mit dem zweiten Boden bedecken.
Schlagsahne, Zucker und Sahnesteif steif schlagen, Walnüsse unterheben, die Sahne auf den zweiten Boden streichen und mit dem dritten Boden bedecken.
Nugat und Kokosfett über heißem Wasserbad schmelzen, den Kuchen damit überziehen. Mit Walnüssen verzieren.

Sanddornkuchen

200 g weiche Butter
150 g feiner Zucker
4 Eier
1 Prise Salz
1 TL abgeriebene Zitronenschale
200 g Mehl
30 g Stärkemehl
2 gestrichene TL Backpulver
3 EL Milch

Für die Füllung

7 Blatt weiße Gelatine
1 kg Birnen
1/8 l Weißwein
Saft von 1/2 Zitrone
1 EL Honig
200 ml Sanddornsaft
1/4 l Schlagsahne

Außerdem

200 g Puderzucker
2 EL Kakao
30 g weiche Butter
100 g gehackte geröstete Mandeln
Kandierte Kirschen

Für den Teig die Butter in einer Schüssel schaumig schlagen. Zucker, Eier, Salz und Zitronenschale einrühren. Mehl, Stärkemehl und Backpulver vermischen, sieben und mit der Milch in die Buttermischung rühren.

Eine Springform mit Backpapier auslegen, den Teig aufstreichen. Im vorgeheizten Backofen bei 200 °C (Gas: Stufe 3, Umluft: 180 °C) etwa 35 Minuten backen. Herausnehmen, das Backpapier entfernen. Sobald der Kuchen ausgekühlt ist, einmal waagerecht durchschneiden.

Für die Füllung die Gelatine in kaltem Wasser einweichen. Die Birnen schälen, in Viertel schneiden, dabei das Kerngehäuse entfernen. Weißwein und 100 ml Wasser mit Zitronensaft und Honig erhitzen, die Birnen hineingeben und fünf Minuten garen. Die Birnen herausnehmen. Den Birnensud fünf Minuten einkochen. Sanddornsaft einrühren. Vom Herd nehmen, etwas auskühlen lassen, die Gelatine ausdrücken, in den Sud geben und auflösen. Sobald die Masse zu gelieren beginnt, die Schlagsahne steif schlagen und unterziehen. Eine Teigplatte mit der Creme bestreichen. Die Birnenviertel auf der Creme anordnen, die andere Teigplatte auflegen.

Den Puderzucker sieben und mit Kakao, zwei Esslöffeln heißem Wasser und der Butter zu einer dickflüssigen Masse verrühren. Den Kuchen damit überziehen und mit Mandeln und Kirschen verzieren.

Pikanter Rührkuchen

80 g weiche Butter
60 g Zucker
2 Eier
1 Prise Salz
1 TL abgeriebene Zitronenschale
150 g Mehl
50 g Stärkemehl
1 gestrichener TL Backpulver
100 ml Milch
150 g Frühstücksspeck in dünnen Scheiben
3 Birnen
2 EL Zitronensaft

Die Butter in einer Schüssel schaumig schlagen. Zucker, Eier, Salz und Zitronenschale einrühren. Mehl, Stärkemehl und Backpulver vermischen, sieben, nach und nach mit der Milch einrühren. Eine Kastenform mit Backpapier auslegen. Boden und Ränder mit Speck auslegen. Die Birnen schälen, in Viertel schneiden, dabei das Kerngehäuse entfernen. Die Birnenviertel mit Zitronensaft beträufeln, auf dem Speck anordnen. Teig darüber geben und glatt streichen. Im vorgeheizten Backofen bei 200 °C (Gas: Stufe 3, Umluft: 180 °C) etwa 40 Minuten backen. Herausnehmen, in der Form auskühlen lassen.

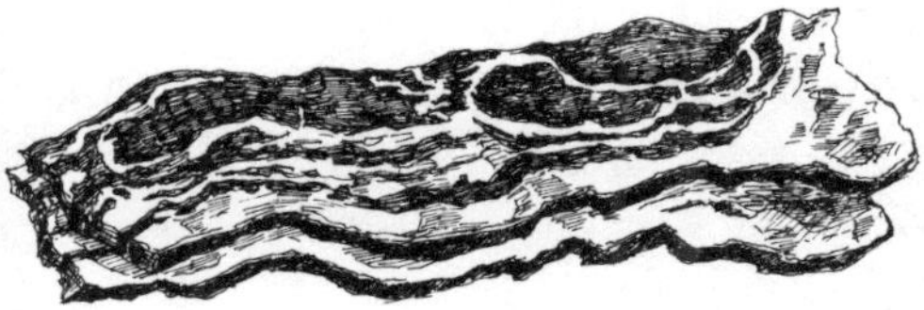

Rührkuchen mit Kirschfüllung

125 g weiche Butter
125 g Zucker
1 Päckchen Vanillezucker
3 Eier
200 g Mehl
50 g Stärkemehl
2 gestrichene TL Backpulver
2 El Kakao
4 EL Milch
100 g gehackte Walnusskerne
125 g geriebene Zartbitter-Schokolade
600 g entsteinte Sauerkirschen
Butter für die Springform

Außerdem

200 g Puderzucker
1-2 EL Zitronensaft
30 g weiche Butter
1 EL gemahlene Pistazien
Kandierte Röschen

In einer Schüssel die Butter schaumig schlagen. Zucker, Vanillezucker und die Eier einrühren. Mehl, Stär-kemehl und Backpulver vermischen, sieben und mit dem Kakao und der Milch einrühren. Die Walnusskerne und die Hälfte der Schokolade untermischen. Eine Springform ausbuttern. Zwei Drittel des Teiges einfüllen, die Kirschen darauf verteilen und mit der restlichen Schokolade bestreuen. Den restlichen Teig darüber geben und glatt streichen. Im vorgeheizten Backofen bei 180 °C (Gas: Stufe 2, Umluft: 160 °C) etwa 40 Minuten backen. Herausnehmen, auskühlen lassen. Den Puderzucker sieben und mit Zitronensaft und Butter zu einer dickflüssigen Masse verrühren. Kuchen damit überziehen. Sobald die Glasur fest geworden ist, Pistazien daraufstreuen, mit kandierten Röschen (→ Seite 26) verzieren.

Schokoladenkuchen mit Quark

150 g weiche Butter
150 g Zucker
2 Eier
1 Prise Salz
200 g Mehl
50 g Stärkemehl
2 EL Kakao
2 gestrichene TL Backpulver
4 EL Milch
Butter für die Form

Für die Füllung

80 g weiche Butter
2 EL Zucker
1 Ei
1 TL abgeriebene Zitronenschale
1 Prise Salz
200 g Quark
50 g Schmand
1/2 Päckchen Vanille-Puddingpulver
2 EL gehackte Mandeln

Außerdem

Puderzucker zum Bestäuben

Für den Teig die Butter schaumig schlagen. Zucker, Eier und Salz unterrühren. Das Mehl mit Stärkemehl, Kakao und Backpulver vermischen, sieben und mit der Milch unter die Buttermischung rühren.

Eine Springform ausbuttern, zwei Drittel des Teiges einfüllen und glatt streichen. Für die Füllung Butter, Zucker Ei, Zitronenschale und Salz schaumig schlagen. Quark, Schmand, Puddingpulver und Mandeln zugeben, alles gut verrühren. Die Quarkmasse auf den Teig streichen. Den restlichen Teig auf der Quarkmasse verteilen. Im vorgeheizten Backofen bei 180 °C (Gas: Stufe 2, Umluft: 160 °C) etwa 50 Minuten backen. Herausnehmen, mit Puderzucker bestäuben.

Birnenkuchen mit Decke

150 g weiche Butter
150 g Zucker
1 Päckchen Vanillezucker
3 Eier
1 Prise Salz
1 Messerspitze Zimt
250 g Mehl
125 g Stärkemehl
2 TL Backpulver
1 EL Rum
1/8 l Milch
6 gedünstete Birnen
50 g gehackte Mandeln
Butter für die Form

Außerdem
30 g Butter
Zimtzucker

Die Butter in einer Schüssel schaumig schlagen. Zucker, Vanillezucker, Eier, Salz und Zimt einrühren. Mehl, Stärkemehl und Backpulver vermischen, sieben, mit Rum und Milch unterrühren. Eine Springform ausbuttern, zwei Drittel des Teiges darauf geben, die Birnen darauf anordnen, mit Mandeln bestreuen, den restlichen Teig darauf verteilen. Im vorgeheizten Backofen bei 200 °C (Gas: Stufe 3, Umluft: 180 °C) etwa 50 Minuten backen. Mit Butter bestreichen und mit Zimtzucker bestreuen.

Gefüllter Kastenkuchen

250 g weiche Butter
230 g Zucker
1 Päckchen Vanillezucker
4 Eier
1 Prise Salz
1 TL abgeriebene Zitronenschale
150 g Mehl
150 g Stärkemehl
2 gestrichene TL Backpulver
3 EL Rum
6 EL Sauerkirschsaft
Butter für die Kastenform

Für die Füllung

200 g Sauerkirschmarmelade
4 EL Kirschwasser

Für die Glasur

100 g Johannisbeergelee
180 g Puderzucker
2 EL Zitronensaft
30 g weiche Butter

In einer Schüssel die Butter schaumig schlagen, Zucker, Vanillezucker, Eier, Salz, Zitronenschale einrühren. Mehl,

Stärkemehl und Backpulver vermischen, sieben und mit dem Rum und dem Sauerkirschsaft unter den Teig rühren.
Eine Kastenform ausbuttern, den Teig einfüllen und glatt streichen. Im vorgeheizten Backofen bei 200 °C (Gas: Stufe 3, Umluft: 180 °C) etwa 50 Minuten backen. Herausnehmen, noch 10 Minuten in der Form lassen, auf ein Kuchengitter setzen. Auskühlen lassen.
Den Kuchen zweimal waagerecht durchschneiden. Für die Füllung die Marmelade durch ein Sieb streichen und mit dem Kirschwasser verrühren. Die beiden unteren Teigplatten mit der Füllung bestreichen, zusammensetzen, die obere Teigplatte aufsetzen.
Das Johannisbeergelee erwärmen, den Kuchen damit bestreichen. Den Puderzucker sieben und mit dem Zitronensaft und der Butter zu einer dickflüssigen Masse verrühren. Den Kuchen damit glasieren.

Schokoladenkuchen mit Nugatcreme

250 g weiche Butter
250 g Zucker
1 Päckchen Vanillezucker
4 Eier
1 Prise Salz
2 EL Rum
200 g Mehl
100 g Stärkemehl
2 gestrichene TL Backpulver
2 EL Kakao
Butter für die Form

Für die Füllung

1 Päckchen Schokoladen-Puddingpulver
1 EL Kakao
2 EL Zucker
1/2 l Milch
150 g Nussnugat
300 g Butter

Für die Dekoration

2 Eigelb
100 g Zucker
50 g Butter
4 EL Schlagsahne
2 TL Instant-Kaffee
1 Päckchen Vanillezucker
250 g Zartbitter-Schokolade
150 g Vollmilchkuvertüre

Die Butter in einer Schüssel schaumig schlagen. Zucker, Vanillezucker, Eier, Salz und Rum unter Rühren hinzufügen. Mehl, Stärkemehl und Backpulver vermischen, sieben und mit dem Kakao unterrühren.
Eine Springform ausbuttern, den Teig einfüllen und glatt streichen. Im vorgeheizten Backofen bei 180 °C (Gas:

Stufe 2, Umluft: 160 °C) etwa 45 Minuten backen. Herausnehmen, 10 Minuten in der Form lassen. Den Kuchen auf einem Kuchengitter auskühlen lassen und zwei Mal waagerecht durchschneiden.

Für die Füllung das Puddingpulver, das Kakaopulver und den Zucker in etwas kalter Milch glatt rühren. Die restliche Milch zum Kochen bringen, das angerührte Puddingpulver darin einrühren, kurz aufkochen, vom Herd nehmen und auskühlen lassen. Ab und zu umrühren, damit sich keine Haut bildet. Den Nugat zerkleinern und über heißem Wasserbad leicht erwärmen, die Butter unterrühren und danach esslöffelweise den Pudding einrühren.

Die Hälfte der Creme auf zwei Tortenböden verteilen und glatt streichen. Die Böden übereinander setzen, den dritten Boden obenauf geben. Mit einem Teil der restlichen Creme die Torte rundum bestreichen. Mit einem gezacktem Teigschaber wellenförmige Linien in den Tortenrand drücken.

Die restliche Creme in einen Spritzbeutel mit Sterntülle füllen. Die gesamte Tortenoberfläche von innen nach außen mit Sterntupfen verzieren. Kalt stellen.

Für die Dekoration das Eigelb in eine Schüssel geben und mit dem Zucker verrühren. Im Wasserbad erwärmen. Butter, Sahne, Kaffee und Vanillezucker zugeben. Unter

Rühren erhitzen. Die zerkleinerte Schokolade zugeben und glatt rühren. Ein Form mit Backpapier auslegen, die Masse einen Zentimeter dick hineingeben, glatt streichen und erstarren lassen. Mit kleinen Ausstechförmchen Herzen und Kleeblätter ausstechen.
Die Kuvertüre zerkleinern und im heißen Wasserbad schmelzen, die Herzen und Kleeblätter mit Hilfe einer Pralinengabel hineintauchen und abtropfen lassen. Zum Trocknen auf ein Pralinengitter setzen.
Die Torte reichlich mit den Pralinen dekorieren.

Rührkuchen mit Belag

Rührkuchen mit Sauerkirschen

250 g weiche Butter
250 g Zucker
6 Eier
400 g Mehl
2 EL Stärkemehl
1 Päckchen Backpulver
3 EL Kakao
1,5 kg entsteinte Sauerkirschen
Butter fürs Backblech

Für die Creme

1 Päckchen Vanille-Puddingpulver
3 EL Zucker
$^1/_2$ l Milch
250 g Butter
200 g Zartbitter-Schokolade

Für den Teig die Butter in einer Schüssel schaumig schlagen. Zucker und die Eier einrühren. Mehl, Stärkemehl und Backpulver vermischen, sieben und unterrühren. Unter die Hälfte des Teiges den Kakao mischen. Ein Backblech ausbuttern, den Kakaoteig darauf geben und glatt streichen, den hellen Teig darüber verteilen und mit Sauerkirschen belegen. Im vorgeheizten Backofen bei 200 °C (Gas: Stufe 3, Umluft: 180 °C) etwa 35 Minuten backen. Für die Creme das Puddingpulver mit dem Zucker in etwas kalter Milch glatt rühren. Die restliche Milch zum Kochen bringen, das angerührte Puddingpulver zugeben, unter Rühren kurz aufkochen. Vom Herd nehmen und auskühlen lassen. Zimmerwarme Butter in einer Schüssel schaumig schlagen, Pudding esslöffelweise einrühren. Die Buttercreme auf den ausgekühlten Kuchen streichen, mit geraspelter Schokolade verzieren.

Flacher Rührkuchen mit Aprikosen

250 g weiche Butter
250 g Zucker
6 Eier
1 Prise Salz
6 EL Schlagsahne
500 g Mehl
2 gestrichene TL Backpulver
1,5 kg Aprikosen
Würfelzucker
4 EL Rum
250 g Mandelstifte
Butter fürs Backblech

Außerdem
Puderzucker zum Bestäuben

Die Butter schaumig schlagen. Zucker, Eier, Salz und Schlagsahne unterrühren. Mehl und Backpulver vermischen, sieben und unterrühren. Die Aprikosen waschen, aufschneiden und entsteinen. Würfelzucker mit Rum beträufeln. Jeweils ein Zuckerstück in die Aprikosen stecken. Ein Backblech ausbuttern, den Teig aufstreichen, mit der Hälfte der Mandelstifte bedecken, die Aprikosen auflegen. Die restlichen Mandelstifte aufstreuen. Im vorgeheizten Backofen bei 180 °C (Gas: Stufe 2–3, Umluft: 160 °C) etwa 45 Minuten backen. Herausnehmen, etwas auskühlen lassen. Mit Puderzucker bestäuben.

Rührkuchen mit Pfirsichen

300 g weiche Butter
250 g Zucker
1 Päckchen Vanillezucker
5 Eier
1 Prise Salz
400 g Mehl
1 EL Stärkemehl
1 Päckchen Backpulver
300 g abgetropfter Quark
6 EL Zitronensaft
1 TL abgeriebene Zitronenschale
Butter für das Blech

Für den Belag
1 kg Pfirsiche
500 g Himbeeren
1 Packung klarer Tortenguss
Zucker
1/4 l Schlagsahne
2 Päckchen Vanillezucker
1 Päckchen Sahnesteif

In einer Schüssel die Butter schaumig schlagen. Zucker, Vanillezucker, Eier und Salz einrühren. Mehl, Stärkemehl und Backpulver vermischen, sieben und unterrühren. Den Quark mit Zitronensaft und Zitronenschale ver-

mengen und ein Drittel davon unter den Teig mischen. Den restlichen Quark beiseite stellen.
Ein Backblech ausbuttern, den Teig darauf geben. Im vorgeheizten Backofen bei 200 °C (Gas: Stufe 3, Umluft: 180 °C) etwa 20 Minuten backen. Herausnehmen, auskühlen lassen und mit dem restlichen Quark bestreichen.
Von den Pfirsichen die Haut entfernen. Die Pfirsiche halbieren, entsteinen und in dünne Spalten schneiden. Zusammen mit den Himbeeren auf dem Quark anordnen. Den Tortenguss nach Packungsvorschrift herstellen, den Kuchen damit überziehen.
Die Schlagsahne mit Vanillezucker und Sahnesteif steif schlagen, in einen Spritzbeutel mit Sterntülle füllen und den Kuchen damit verzieren.

Mohnkuchen mit Aprikosen

2 EL Korinthen
2 EL Rum
500 g Aprikosen
Saft von 1 Zitrone
150 g weiche Butter
100 g Zucker
6 Eier, 1 Prise Salz
1/2 TL abgeriebene Zitronenschale
200 g gemahlener Mohn
50 g gehackte Mandeln
100 g Mehl
50 g Stärkemehl
1 gestrichenen TL Backpulver
3 EL Milch
50 g Zwiebackbrösel
250 g Aprikosenkonfitüre
2 EL Obstgeist
Butter für das Blech

Außerdem
Puderzucker zum Bestäuben

Die Korinthen mit dem Rum beträufeln. Die Aprikosen halbieren, entsteinen und mit Zitronensaft marinieren. Die Butter in einer Schüssel schaumig schlagen. Zucker, Eier, Salz und Zitronenschale unterrühren. Mohn, Mandeln und Korinthen hinzufügen. Mehl, Stärkemehl und Backpulver vermischen, sieben und mit der Milch einrühren. Ein Backblech ausbuttern, den Teig aufstreichen. Die Aprikosenhälften in Zwiebackbröseln wenden und auf der Mohnmasse anordnen. Im vorgeheizten Backofen bei 180 °C (Gas: Stufe 2, Umluft: 160 °C), etwa 35 Minuten backen. Herausnehmen, auskühlen lassen.

Die Aprikosenkonfitüre mit dem Obstgeist verrühren, leicht erwärmen, durch ein Sieb geben und den Kuchen damit bestreichen. Mit Puderzucker bestäuben

Rührkuchen mit Keksdecke

250 g weiche Butter
250 g Zucker
1 Päckchen Vanillezucker
4 Eier, 1 Prise Salz
1/2 TL Zitronenschale
250 g Mehl
50 g Stärkemehl
2 gestrichene TL Backpulver
2 EL Milch
Butter für das Blech
Für die Creme
1 Päckchen Vanille-Puddingpulver
2 EL Zucker
1/2 l Milch
250 g Butter
250 g Butterkekse
Etwas Weinbrand
Für den Guss
250 g Kokosfett
250 g Puderzucker
3 EL Kakao
2 Eier
Außerdem
Schokoröllchen
(→ Seite 59)

Die Butter schaumig schlagen. Zucker, Vanillezucker, Eier, Salz und abgeriebene Zitronenschale unterrühren. Mehl, Stärkemehl und Backpulver mischen, sieben und mit der Milch einrühren.

Ein Backblech ausbuttern, den Teig darauf geben und im vorgeheizten Backofen bei 200 °C (Gas: Stufe 3, Umluft: 180 °C) etwa 20 Minuten backen. Herausnehmen und den Kuchenboden kühl stellen.
Für die Creme das Puddingpulver mit dem Zucker in etwas kalter Milch verrühren. Die restliche Milch zum Kochen bringen, das angerührte Puddingpulver einrühren, kurz aufkochen, vom Herd nehmen und auskühlen lassen. Ab und zu umrühren, damit sich keine Haut bildet. Die zimmerwarme Butter schaumig rühren und den Pudding esslöffelweise einrühren. Die Creme gleichmäßig auf dem Kuchenboden verteilen. Die Kekse nacheinander in den Weinbrand tauchen und lückenlos auf der Creme anordnen.
Für den Guss das Kokosfett zerlassen. Puderzucker und Kakao vermischen, die Eier unterrühren und nach und nach das Kokosfett einrühren. Die Kekse mit dem Guss überziehen. Mit Schokoröllchen verzieren.

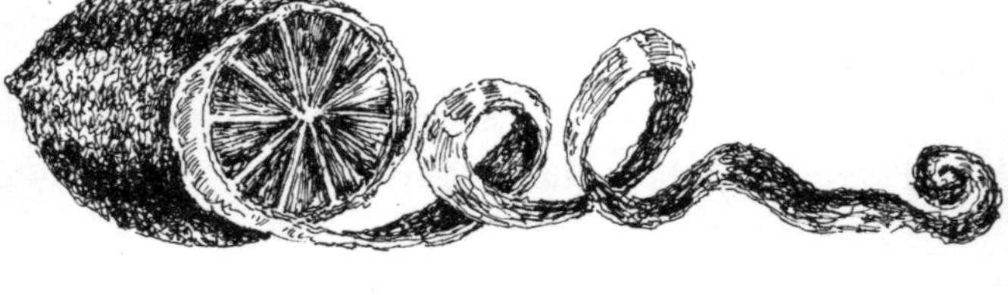

Rührkuchen mit Sahneguss

200 g weiche Butter
250 g Zucker
4 Eier
1 Prise Salz
300 g Mehl
2 gestrichene TL Backpulver
Butter für das Backblech

Für die Streusel
300 g Mehl
250 g Zucker
2 Päckchen Vanillezucker
250 g Butter

Für den Guss
1/4 l Schlagsahne
1 EL Zucker

Für den Teig die Butter in einer Schüssel schaumig schlagen. Zucker, Eier und Salz zugeben. Mehl und Backpulver vermischen, sieben und unterrühren. Ein Backblech ausbuttern, den Teig aufstreichen.
Für die Streusel das Mehl in eine Schüssel sieben und mit Zucker und Vanillezucker vermischen, Die Butter in Stückchen dazugeben, Streusel bereiten und gleichmäßig auf dem Teig verteilen. Im vorgeheizten Backofen bei 200 °C (Gas: Stufe 3, Umluft: 180 °C) etwa 25 Minuten backen. Herausnehmen und einige Minuten lang auskühlen lassen.
Die Schlagsahne ungeschlagen mit dem Zucker verrühren und den Kuchen damit langsam und gleichmäßig übergießen, sodass sie sich überall gut verteilt.

Rührkuchen mit Mandeln

250 g weiche Butter
250 g Zucker
4 Eier
1 Prise Salz
350 g Mehl
1 EL Stärkemehl
1 Päckchen Backpulver
100 ml Schlagsahne
Butter für das Backblech

Für den Belag

250 g Butter
225 g Zucker
4 EL Milch
1 EL Mehl
300 g Mandelblättchen

Die Butter in einer Schüssel schaumig schlagen. Nacheinander Zucker, Eier und Salz einrühren. Mehl und Backpulver vermischen, sieben und mit der Schlagsahne unterrühren.

Ein Backblech ausbuttern, den Teig aufstreichen. Im vorgeheizten Backofen bei 200 °C (Gas: Stufe 3, Umluft: 180 °C) 15 Minuten vorbacken.

Für den Belag in der Zwischenzeit die Butter zerlassen, Zucker, Milch und Mehl einrühren, kurz aufwallen lassen. Vom Herd nehmen, die Mandelblättchen in die Milchmischung geben.

Die heiße Mandel-Milch-Masse gleichmäßig auf dem vorgebackenen Kuchen verteilen und noch weitere 12 Minuten backen.

Rührkuchen mit Äpfeln

300 g weiche Butter
200 g Zucker
1 TL abgeriebene
  Zitronenschale
4 Eier
1 Prise Salz
400 g Mehl
100 g Stärkemehl
1 Päckchen Backpulver
8 EL Milch
Butter für das Backblech

Für den Belag

150 g Aprikosenkonfitüre
2 EL Obstgeist
1 kg mittelgroße Äpfel
150 g Mandelstifte
Puderzucker zum Bestäuben

Für den Teig in einer Schüssel die Butter schaumig schlagen. Zucker, Zitronenschale, Eier und Salz einrühren. Mehl, Stärkemehl und Backpulver vermischen, sieben und mit der Milch unterrühren. Ein Backblech ausbuttern, den Teig aufstreichen.

Die Aprikosenkonfitüre mit dem Obstgeist verrühren. Die Äpfel schälen, halbieren und das Kernhaus entfernen. Anstelle des Kernhauses Aprikosenkonfüre hineingeben. Die Apfelhälften auf dem Teig anordnen und etwas hineindrücken. Mit Mandelstiften bestreuen.

Im vorgeheizten Backofen bei 200 °C (Gas: Stufe 3, Umluft: 180 °C) etwa 40 Minuten backen. Herausnehmen, auskühlen lassen, mit Puderzucker bestäuben.

Butterkuchen mit Gelee

200 g weiche Butter
150 g Zucker
1 Päckchen Vanillezucker
1 TL abgeriebene Zitronenschale
4 Eier
1 Prise Salz
450 g Mehl
50 g Stärkemehl
1 Päckchen Backpulver
6 EL Schlagsahne
4 EL Rum
Butter für das Blech

Für den Belag

200 g Johannisbeergelee
250 g Kokosflocken

In einer Schüssel die Butter schaumig schlagen. Zucker, Vanillezucker, Zitronenschale, Eier und Salz unterrühren. Mehl, Stärkemehl und Backpulver vermischen, sieben und mit der Schlagsahne und dem Rum einrühren.
Ein Backblech ausbuttern, den Teig darauf geben und im vorgeheizten Backofen bei 200 °C (Gas: Stufe 3, Umluft: 180 °C) etwa 35 Minuten backen. Herausnehmen und auskühlen lassen.
Das Johannisbeergelee leicht erhitzen, den Kuchen damit bestreichen. Kokosflocken aufstreuen.

Johannisbeerkuchen

100 g Marzipanrohmasse
6 EL Milch
180 g weiche Butter
100 g Zucker
4 Eier
1 Prise Salz
150 g Mehl
1 EL Stärkemehl
2 gestrichene TL Backpulver
Butter für die Form

Für den Belag

6 Blatt weiße Gelatine
300 g Quark
100 g Schmand
1 TL abgeriebene Zitronenschale
125 g Zucker
4 EL Aprikosengeist
1/2 l Schlagsahne
1 kg Johannisbeeren
150 g Johannisbeergelee
Minzeblättchen
Kandierte Blüten

Für den Teig das Marzipan zerkleinern und in erhitzter Milch auflösen. Die Butter schaumig schlagen. Zucker, Eier und Salz unterrühren. Mehl, Stärkemehl und Backpulver vermischen, sieben und mit der Marzipanmilch unterrühren. Eine Springform ausbuttern, den Teig einfüllen und glatt streichen. Im vorgeheizten Backofen bei 180 °C (Gas: Stufe 2, Umluft: 160 °C) etwa 30 Minuten backen. Herausnehmen und auskühlen lassen.
Für den Belag die Gelatine in kaltem Wasser einweichen. Quark, Schmand, Zitronenschale und Zucker verrühren.

Den Aprikosengeist leicht erwärmen, die ausgedrückte Gelatine darin auflösen und in die Quarkmasse einrühren. Die Schlagsahne steif schlagen und unterheben. Die Johannisbeeren waschen, abtropfen lassen und von den Rispen streifen. Den Kuchen mit der Creme bestreichen. Die Johannisbeeren darauf anordnen und mit leicht erwärmtem Johannisbeergelee überziehen. Mit Minzeblättchen und kandierten Blüten (→ Seite 26) verzieren.

Apfelkuchen

250 g weiche Butter
250 g Zucker
5 Eier
1 Prise Salz
1 TL abgeriebene Zitronenschale
400 g Mehl
1 TL Backpulver
6 EL Milch
Butter für das Backblech

Für den Belag
4 Eier
250 g Butter
200 g Zucker
2 Päckchen Vanillezucker
2 EL Grieß
750 g Quark
1 kg Äpfel
Saft 1/2 Zitrone

Für die Streusel
250 g Mehl
1 TL Backpulver
200 g Zucker
1 Messerspitze gemahlener Zimt
200 g Butter

Für den Teig die Butter schaumig schlagen. Zucker, Eier, Salz und Zitronenschale unterrühren. Das Mehl mit dem Backpulver vermischen, sieben und mit der Milch unterrühren. Ein Backblech ausbuttern, den Teig darauf geben und glatt streichen.
Für den Belag die Eier trennen. Butter, Zucker, Vanillezucker, Grieß und Eigelb schaumig schlagen und den Quark einrühren. Das Eiweiß steif schlagen und unterheben. Die Äpfel schälen, in Viertel schneiden, das Kernhaus entfernen, die Viertel mehrmals der Länge nach einritzen, mit Zitronensaft beträufeln.
Für die Streusel das Mehl mit dem Backpulver in eine Schüssel sieben, den Zucker und den Zimt zugeben und untermischen. Die Butter in kleinen Flöckchen obenauf geben, alles zu Streuseln vermengen. Zuerst den Quark auf den Teig geben, die Äpfel darauf anordnen und mit Streuseln bestreuen.
Im vorgeheizten Backofen bei 200 °C (Gas: Stufe 3, Umluft: 180 °C) etwa 45 Minuten backen.

Rührkuchen mit Himbeeren

175 g weiche Butter
175 g Zucker
5 Eier
1 TL abgeriebene Zitronenschale
1 Prise Salz
200 g Mehl
50 g Stärkemehl
2 gestrichene TL Backpulver
3 EL Kakao
2 EL Milch
Butter für das Blech

Für den Belag
5 Blatt rote Gelatine
4 EL Johannisbeerkonfitüre
2 EL Obstgeist
250 g Quark
200 g Schmand
4 EL Schlagsahne
4 EL Zucker
2 kg Himbeeren
1/8 l Weißwein
125 g geröstete Mandelblättchen

Für den Teig die Butter schaumig schlagen. Zucker, Eier, Zitronenschale und Salz einrühren. Mehl, Stärkemehl und Backpulver vermischen und mit dem Kakao und der Milch unterrühren. Ein Backblech ausbuttern, den Teig darauf geben und glatt streichen. Im vorgeheizten Backofen bei 200 °C (Gas: Stufe 3, Umluft: 180 °C) etwa 25 Minuten backen. Herausnehmen und auskühlen lassen.
Für den Belag die Gelatine in kaltem Wasser einweichen. Die Johannisbeerkonfitüre mit dem Obstgeist verrühren

und den Teigboden damit bestreichen. Quark, Schmand, Schlagsahne und zwei Esslöffel Zucker verrühren. Die Hälfte der Himbeeren mit dem restlichen Zucker und dem Weißwein zum Kochen bringen, durch ein Sieb streichen und auf wenigstens 50 °C abkühlen lassen. Dann die ausgedrückte Gelatine einrühren.
Den Teigboden mit der Quarkmischung bestreichen, die restlichen Himbeeren auflegen und mit der Himbeermasse bedecken. Mit Mandeln bestreuen.

Rührkuchen mit Quark und Pfirsichen

200 g weiche Butter
150 g Zucker
1/2 TL abgeriebene Zitronenschale
4 Eier
Prise Salz
300 g Mehl
2 TL Backpulver
2 EL Milch
Butter für das Blech

Für den Belag
8 Blatt weiße Gelatine
1 kg Pfirsiche
4 Eier
175 g Zucker
750 g Sahnequark
3 EL Aprikosensaft
300 ml Schlagsahne
250 g Aprikosenkonfitüre

Für den Teig die Butter in einer Schüssel schaumig schlagen. Zucker, Zitronenschale, Eier und Salz zugeben und unterrühren. Mehl und Backpulver vermischen, sieben und mit der Milch einrühren. Ein Backblech ausbuttern. Den Teig darauf geben, glatt streichen und im vorgeheizten Backofen bei 180 °C (Gas: Stufe 2, Umluft: 160 °C) etwa 25 Minuten backen. Herausnehmen, auskühlen lassen.
Für den Belag die Gelatine einweichen. Pfirsiche waschen, abtrocknen, halbieren und entsteinen. Die Hälften mehrmals einschneiden, sodass Fächer entstehen. Die Eier trennen. Eigelb in eine Schüssel geben und mit dem Zucker verrühren. Nach und nach den Quark unterrühren. Aprikosensaft erwärmen, die ausgedrückte Gelatine auflösen und ausgekühlt unter die Quarkmasse rühren. Kalt stellen. Sobald die Quarkmasse zu gelieren beginnt, die Sahne steif schlagen und unterheben. Dann das Eiweiß steif schlagen und ebenfalls unterheben. Die Masse auf den Teigboden streichen und mit Pfirsichfächernbelegen. Die Aprikosenkonfitüre leicht erwärmen, durch ein Sieb streichen und über die Früchte ziehen.

Variante: Anstelle der Pfirsiche können Sie 10 Kiwis nehmen. Schneiden Sie sie in Scheiben und legen sie auf die Quarkmasse. Mit farblosem Tortenguss überziehen.

Bunter Rührkuchen

180 g weiche Butter
180 g Zucker
1 Päckchen Vanillezucker
3 Eier
1 Prise Salz
200 g Mehl
50 g Stärkemehl
2 gestrichene TL Backpulver
2 EL Milch
Butter für die Form

Für die Creme
1 Päckchen Mandel-Puddingpulver
6 EL Zucker
250 g Butter

Für den Belag
750 g möglichst gleich große Erdbeeren
500 g Aprikosen
125 g Himbeeren
150 g ganze, geschälte Mandeln

Für den Teig die Butter schaumig schlagen. Zucker, Vanillezucker, Eier und Salz einrühren. Mehl, Stärkemehl und Backpulver vermischen, sieben und mit der Milch unterrühren.
Eine Springform ausbuttern, den Teig einfüllen und glatt streichen. Im vorgeheizten Backofen bei 180 °C (Gas: Stufe 2, Umluft: 160 °C) etwa 25 Minuten backen. Herausnehmen und auskühlen lassen.
Für die Creme das Puddingpulver mit 4 EL Zucker in etwas kalter Milch verrühren. Die restliche Milch zum Ko-

chen bringen, das angerührte Puddingpulver einrühren, aufkochen lassen, vom Herd nehmen und auf Zimmertemperatur abkühlen lassen. Mehrmals umrühren, damit sich keine Haut bildet. In einer Schüssel die Butter schaumig schlagen, den Pudding esslöffelweise einrühren. Die Creme kühl stellen.

Die Erdbeeren waschen und putzen. Die Aprikosen ebenfalls waschen, halbieren und entsteinen. Die Hälfte der Aprikosen klein schneiden und mit den Himbeeren und dem restlichen Zucker in einem Topf erhitzen. Unter ständigem Rühren vier Minuten kochen lassen, danach pürieren. Die Mandeln ohne Fett in einer Pfanne goldbraun rösten. Den Tortenboden mit der Creme bestreichen, in der Mitte die Aprikosenhälften mit der Öffnung nach oben auf der Creme anordnen, die gerösteten Mandeln in die Öffnung legen. Ringsum die Erdbeeren legen. Das Aprikosen-Himbeer-Püree erhitzen, durch ein Sieb streichen und die Früchte damit überziehen.

Unser Tipp

Mit Creme gefüllte Kuchen lassen sich leichter schneiden, wenn man das Messer zuvor kurz in heißes Wasser taucht und abtrocknet.

Festtagskuchen

200 g weiche Butter
200 g Zucker
4 Eier
1 Prise Salz
1 TL abgeriebene Zitronenschale
300 g Mehl
2 gestrichene TL Backpulver
3 EL Milch
Je 50 g fein geschnittenes Zitronat und Orangeat
50 g gemahlene Mandeln
Butter für das Backblech

Für die Streusel

300 g Mehl
250 g Zucker
2 Päckchen Vanillezucker
250 g Butter

Für den Guss

200 ml Schlagsahne
1 EL Zucker

Die Butter in einer Schüssel schaumig schlagen. Den Zucker unterrühren. Nacheinander die Eier, das Salz und die Zitronenschale unterrühren. Mehl und Backpulver sieben, nach und nach mit der Milch einrühren. Zitronat, Orangeat und die Mandeln unterheben. Ein Backblech ausbuttern, den Teig darauf geben und glatt streichen. Für die Streusel das Mehl in eine Schüssel sieben und mit dem Zucker und Vanillezucker vermischen. Die Butter in kleinen Flöckchen zugeben, alles mit zwei Gabeln oder mit den Händen zu Streuseln vermengen. Die Streusel auf dem Teig verteilen. Im vorgeheizten Backofen bei

200 °C (Gas: Stufe 3, Umluft: 180 °C) etwa 30 Minuten backen. Herausnehmen, etwas auskühlen lassen.
Die Sahne ungeschlagen mit dem Zucker verrühren und den Kuchen damit übergießen.

Kokoskuchen mit Schokoguss

250 g weiche Butter
200 g Zucker
1 Päckchen Vanillezucker
4 Eier
250 g Mehl
2 gestrichene TL Backpulver
3 EL Milch
Butter für das Blech
Für den Belag
250 g Butter
200 g Zucker
1 Päckchen Vanillezucker
200 g Kokosraspel
1 Ei
Für den Guss
200 g Zucker
2 EL Kakao
1 Ei
125 g Kokosfett

Die Butter schaumig schlagen. Zucker, Vanillezucker und Eier einrühren. Mehl und Backpulver vermischen, sieben und mit der Milch unterrühren. Ein Backblech ausbuttern, den Teig darauf glatt streichen. Für den Belag Butter in einem Topf erhitzen, Zucker und Vanillezucker zugeben. Kurz aufkochen lassen, bis sich der Zucker aufgelöst hat. Die Kokosraspel zufügen und leicht anbräunen. Vom Herd nehmen, auskühlen lassen, das Ei unterrühren, den Belag auf dem Teig verteilen. Im vorgeheizten Backofen bei 200 °C (Gas: Stufe 3, Umluft: 180 °C) etwa 35 Minuten backen. Herausnehmen, auskühlen lassen. Für den Guss den Zucker und den Kakao mit zwei bis drei Esslöffeln heißem Wasser verrühren. Das Ei einrühren. Das Kokosfett schmelzen, auskühlen lassen, esslöffelweise unterrühren. Kuchen mit dem Guss glasieren.

Versunkener Streuselkuchen

250 g weiche Butter
250 g Zucker
1 Päckchen Vanillezucker
5 Eier
1 Prise Salz
500 g Mehl
1 Päckchen Backpulver
100 ml Milch
Butter für das Blech

Für die Streusel
200 g Mehl
200 g Zucker
3 EL Kakao
300 g Butter

Außerdem
80 g zerlassene Butter
125 g Puderzucker
1 Päckchen Vanillezucker

Die Butter in einer Schüssel schaumig schlagen. Zucker und Vanillezucker einrühren. Die Eier und das Salz ebenfalls unterrühren. Mehl und Backpulver vermischen, sieben und mit der Milch einrühren. Backblech ausbuttern, den Teig darauf geben und glatt streichen. Für die Streusel das Mehl in eine Schüssel sieben und mit dem Zukker und dem Kakao vermischen. Die Butter in Flöckche dazugeben und mit zwei Gabeln zu Streuseln vermengen. Streusel auf dem Teig verteilen. Im vorgeheizten Backofen bei 200 °C (Gas: Stufe 3, Umluft: 180 °C) etwa 35 Minuten backen. Herausnehmen und mit flüssiger Butter beträufeln. Puderzucker und Vanillezucker darüber sieben.

Cognac-Schoko-Kuchen

250 g weiche Butter
250 g Zucker
1 Päckchen Vanillezucker
4 Eier
1 Prise Salz
300 g Mehl
2 gestrichene TL Backpulver
2 EL Milch
100 g geriebene Blockschokolade
Butter für das Backblech

Außerdem

2-3 Gläschen Cognac
Puderzucker zum Bestäuben

Butter schaumig schlagen. Zucker und Vanillezucker unterrühren. Eier und Salz zufügen. Mehl und Backpulver vermischen, sieben, mit der Milch zum Teig geben. Die Schokolade unterheben. Das Backblech ausbuttern, den Teig darauf glatt streichen. Im vorgeheizten Backofen bei 200 °C (Gas: Stufe 3, Umluft: 180 °C) etwa 25 Minuten backen. Herausnehmen, mit Cognac übergießen und mit Puderzucker bestäuben.

Zitronenkuchen mit Schokoraspeln

350 g weiche Butter
350 g Zucker
6 Eier
1 Prise Salz
1 TL abgeriebene Zitronenschale
4 EL Zitronensaft
2 gestrichene TL Backpulver
350 g Mehl
3 EL Milch
Butter für das Backblech

Für den Guss

2-3 Zitronen
150 g Puderzucker
150 g geraspelte Zartbitter-Schokolade

Butter schaumig schlagen. Zucker unterrühren. Eier, Salz, Zitronenschale und Zitronensaft einrühren. Backpulver und Mehl mischen, sieben und mit der Milch einrühren. Backblech ausbuttern, Teig darauf glatt streichen. Im vorgeheizten Backofen bei 200 °C (Gas: Stufe 3, Umluft: 180 °C) etwa 30 Minuten backen. Herausnehmen, auskühlen lassen. Zitronensaft und Puderzucker verrühren. Mit einem Holzspieß Löcher in den Kuchen stechen. Den Kuchen übergießen. Mit geraspelter Schokolade bestreuen.

Kirsch-Rotwein-Kuchen

200 g weiche Butter
200 g Zucker
3 Eier
1 Prise Salz
225 g Mehl
2 TL Backpulver
150 g gemahlene Haselnüsse
5 EL Milch
200 g zerkleinerte Zartbitter-Schokolade
1 kg entsteinte Sauerkirschen
2 EL gehackte Haselnüsse
Butter für das Blech

Für den Belag
1 Päckchen Kirsch-Puddingpulver
3 EL Zucker
400 ml Rotwein
1 Eigelb
150 g Butter
100 g Kokosfett

Außerdem
3 Blatt rote Gelatine
3 EL Kirschlikör
300 ml Kirschsaft
80 g weiße Kuvertüre

Für den Teig die Butter in einer Schüssel schaumig rühren. Den Zucker zufügen. Die Eier und das Salz unterrühren. Mehl und Backpulver vermischen, sieben und mit

den Haselnüssen und der Milch unter den Teig rühren. Die Schokolade unterheben.
Ein Backblech ausbuttern, den Teig darauf geben und glatt streichen. Die Sauerkirschen darauf anordnen, die Haselnüsse aufstreuen. Im vorgeheizten Backofen bei 200 °C (Gas: Stufe 3, Umluft: 180 °C) etwa 35 Minuten backen. Herausnehmen und auskühlen lassen.
Das Puddingpulver und den Zucker in etwas Rotwein glatt rühren. Den restlichen Rotwein zum Kochen bringen, das angerührte Puddingpulver einrühren, zum Kochen bringen, aufkochen, vom Herd nehmen und auskühlen lassen. Dabei mehrmals umrühren, damit sich keine Haut bildet.
Das Eigelb unterrühren. Butter und Kokosfett verrühren, den Pudding esslöffelweise unterrühren. Den Kuchen damit bestreichen.
Die Gelatine einweichen, ausdrücken, im leicht erwärmten Kirschlikör auflösen und mit dem Kirschsaft verrühren. Sobald die Masse zu gelieren beginnt, den Kuchen damit gleichmäßig überziehen. Die Glasur glatt streichen.
Die Kuvertüre über heißem Wasserbad schmelzen und damit feine Linien über den Kuchen ziehen.

Feiner Rührkuchen mit Erdbeersahne

100 g Marzipan-Rohmasse
6 EL Milch
200 g weiche Butter
180 g Zucker
4 Eier
1 Prise Salz
200 g Mehl
1 EL Stärkemehl
2 gestrichene TL Backpulver
Butter für die Springform

Für den Belag

6 Blatt weiße Gelatine
300 g Quark
100 g Schmand
1 TL abgeriebene Zitronenschale
125 g Zucker
4 EL Himbeergeist
1/2 l Schlagsahne
500 g Erdbeeren

Außerdem

Schokoröllchen (→ Seite 59) zum Verzieren

Für den Teig das Marzipan zerkleinern und in erhitzter Milch auflösen. Die Butter in einer Schüssel schaumig schlagen. Zucker, Eier und Salz unterrühren. Mehl, Stärkemehl und Backpulver vermischen, sieben und mit der Marzipanmilch unterrühren.

Eine Springform gut ausbuttern, den Teig einfüllen und glatt streichen. Im vorgeheizten Backofen bei 180 °C (Gas: Stufe 2, Umluft: 160 °C) etwa 25 Minuten lang backen. Herausnehmen und auskühlen lassen. Für den Belag die Gelatine in kaltem Wasser einweichen. Quark, Schmand, Zitronenschale und Zucker gründlich miteinander verrühren.

Den Himbeergeist leicht erwärmen, die ausgedrückte Gelatine darin auflösen und in die Quarkmasse einrühren. Die Schlagsahne steif schlagen und unterheben. Die Erdbeeren waschen, putzen, zerkleinern und unter die Creme heben.

Den Kuchen mit der Creme bestreichen. Mit Schokoröllchen verzieren.

Rührkuchen mit Weißweinbirnen

150 g weiche Butter
150 g Zucker
4 Eier
1 Prise Salz
2 EL Weinbrand
400 g Mehl
100 g Stärkemehl
1/2 TL Zimt
1 Päckchen Backpulver
6 EL Milch
100 g gehackte Mandeln
Butter für die Form

Für den Belag

5 Birnen
1/8 l Weißwein
1 TL Zimt
2 TL Zucker

Außerdem

Zimtzucker

Für die Füllung die Birnen schälen, halbieren, Stiele und Kerngehäuse entfernen. Wein, Zimt und Zucker erhitzen, die Birnenhälften hineingeben und vier Minuten sanft kochen. Die Birnen herausnehmen und abtropfen lassen.

Für den Teig die Butter in einer Schüssel schaumig schlagen. Zucker, Eier, Salz und Weinbrand einrühren. Mehl, Stärkemehl, Zimt und Backpulver vermischen, sieben und mit der Milch unterrühren. Die Mandeln unterheben. Eine Springform ausbuttern, zwei Drittel des Teiges einfüllen und glatt streichen. Die Birnen mit der Wölbung nach oben auf dem Teig anordnen, den restlichen Teig darüber geben und glatt streichen. Im vorgeheizten Backofen bei 200 °C (Gas: Stufe 3, Umluft: 180 °C) etwa 45 Minuten backen. Herausnehmen und mit Zimtzucker bestreuen.

Weintraubenkuchen

125 g weiche Butter
125 g Zucker
2 Eier
1 Prise Salz
1 TL Rum
150 g Mehl
30 g Stärkemehl
1 gestrichener TL Backpulver
Butter für die Form

Für den Belag

150 g Sahnequark
2 EL Schmand
1 EL Rum
1 EL Zucker
1 Prise Salz
175 ml Schlagsahne
750 g blaue Weintrauben

Für den Guss

2 Blatt weiße Gelatine
1/4 l Weißwein
1 EL Zitronensaft
2 TL Zucker

Außerdem

Kokosflocken

Die Butter schaumig schlagen. Zucker, Eier, Salz und Rum unterrühren. Mehl, Stärkemehl und Backpulver vermischen, sieben und unterrühren. Eine Springform ausbuttern, den Teig einfüllen und bei 200 °C (Gas: Stufe 3, Umluft: 180 °C) etwa 25 Minuten backen. Herausnehmen, auskühlen lassen, auf ein Kuchengitter setzen. Für den Belag Quark, Schmand, Rum, Zucker und Salz verrühren. Sahne steif schlagen und unterheben. Die Creme auf den Kuchen streichen. Weintrauben darauf anordnen. Gelatine einweichen. Weißwein, Zitronensaft und Zucker erwärmen, die ausgedrückte Gelatine zugeben und in der Flüssigkeit auflösen. Ausgekühlt über die Weintrauben geben. Mit Kokosflocken bestreuen.

Rührkuchen mit Rhabarber

125 g weiche Butter
125 g Zucker
1 Päckchen Vanillezucker
2 Eier
1 Prise Salz
180 g Mehl
1 gestrichener TL Backpulver
Butter für die Form

Für den Belag
2 Eiweiß
80 g Zucker
600 g in Stücke geschnittener Rhabarber
100 g gemahlene Haselnusskerne
2 TL Stärkemehl

Die Butter schaumig schlagen. Zucker, Vanillezucker, Eier und Salz unterrühren. Mehl und Backpulver mischen, sieben und unterheben. Eine Springform ausbuttern. Den Teig einfüllen und glatt streichen. Für den Belag das Eiweiß steif schlagen, dabei den Zucker einrieseln lassen. Rhabarber, Haselnüsse und Stärkemehl vermischen, den Eischnee unterheben. Die Masse auf den Teig geben. Im vorgeheizten Backofen bei 180 °C (Gas: Stufe 2, Umluft: 160 °C) etwa 35 Minuten backen.

Birnenkuchen

125 g weiche Butter
125 g Zucker
2 Eier
1 Prise Salz
150 g Mehl
50 g Stärkemehl
1 TL Backpulver
1/2 TL Zimt
1 TL abgeriebene Zitronenschale
3 EL Milch
40 geschälte ganze Mandeln
4 Birnen
50 g Zartbitter-Kuvertüre
Butter für die Springform

Die Butter schaumig schlagen. Zucker, Eier und Salz unterrühren. Mehl, Stärkemehl und Backpulver vermischen, sieben, mit dem Zimt, der Zitronenschale und der Milch einrühren.

Eine Springform ausbuttern, den Teig hineingeben und glatt streichen. Den Rand mit den Mandeln umlegen. Die Birnen schälen, in Viertel schneiden, dabei das Kernhaus entfernen, die Birnenviertel leicht in den Teig drücken.

Im vorgeheizten Backofen bei 200 °C (Gas: Stufe 3, Umluft: 180 °C) etwa 25 Minuten backen. Herausnehmen, aus der Form lösen, den Kuchen zum Auskühlen auf ein Kuchengitter setzen.

Die Kuvertüre über heißem Wasserbad verrühren und in zarten Linien über dem Kuchen verteilen.

Kleine Kuchen und Gebäck

Schoko-Zimt-Küchlein

150 g weiche Butter
150 g Zucker
2 Eier
1 Prise Salz
1 TL Zimt
1 Päckchen Vanillezucker
300 g Mehl
2 TL Backpulver
4 EL Milch
100 g gehackte Zartbitterschokolade
Je 1 EL fein geschnittenes Zitronat und Orangeat
Butter für die Form

Außerdem

200 g Zartbitter-Schokolade
Walnusshälften

In einer Schüssel die Butter schaumig schlagen. Zucker, Eier, Salz, Zimt und Vanillezucker unterrühren. Mehl und Backpulver vermischen, sieben und mit der Milch unterrühren. Schokolade, Zitronat und Orangeat unterheben. Eine Muffinform ausbuttern, den Teig einfüllen. Im vorgeheizten Backofen bei 180 °C (Gas: Stufe 2, Umluft: 160 °C) etwa 25 Minuten backen. Die Schokolade zerkleinern, über heißem Wasserbad schmelzen. Küchlein auf eine Gabel spießen und in die geschmolzene Schokolade tauchen. Mit Walnusshälften garnieren.

Mandel-Küchlein

150 g weiche Butter
125 g Zucker
2 Päckchen Vanillezucker
3 Eier, 1 Prise Salz
150 g Mehl
2 gestrichene TL Backpulver
1 EL Rum
150 g gemahlene Mandeln
Butter für die Muffinform
30 g Mandelblättchen

Außerdem
50 g Zartbitter-Kuvertüre

Die Butter in einer Schüssel schaumig schlagen. Zucker, Vanillezucker, Eier und Salz einrühren. Mehl und Backpulver vermischen, unter den Teig rühren. Den Rum zugeben, die Mandeln unterheben.
Eine Muffinform ausbuttern, den Teig einfüllen, mit Mandelblättchen verzieren. Im vorgeheizten Backofen bei 200 °C (Gas: Stufe 3, Umluft: 180 °C) etwa 20 Minuten backen. Herausnehmen, die Küchlein aus der Form nehmen, auskühlen lassen. Kuvertüre zerkleinern, über heißem Wasserbad schmelzen, feine Fäden über die Küchlein ziehen.

Sandwaffeln

200 g Kokosfett
200 g Zucker
1 Päckchen Vanillezucker
4 Eier
1 Prise Salz
225 g Mehl
50 g Stärkemehl
1 TL Backpulver
Butter zum Ausbacken
Puderzucker zum Bestäuben

Kokosfett zerlassen, wieder etwas fest werden lassen und mit dem Zucker und Vanillezucker schaumig rühren. Eier und Salz unterrühren. Mehl, Stärkemehl und Backpulver mischen, sieben und esslöffelweise in den Teig rühren. Das Herz-Waffeleisen vorheizen, ausbuttern, den Teig portionsweise einfüllen und backen. Zum Schluss mit Puderzucker bestäuben.

Butterwaffeln

150 g weiche Butter
2 EL Zucker
4 Eier
1 TL abgeriebene Zitronenschale
1 Prise Salz
300 g Mehl
300 ml Milch
Butter zum Ausbacken

Außerdem
150 g Pflaumenmus
Puderzucker

Die Butter schaumig schlagen. Nach und nach Zucker, Eier, Zitronenschale und Salz einrühren. Das Mehl sieben und mit der Milch einrühren.
Ein Herz-Waffeleisen ausbuttern, den Teig portionsweise backen.
Die Waffeln einzeln zum Auskühlen auf ein Kuchengitter setzen. Die Hälfte mit Pflaumenmus bestreichen, die andere Hälfte mit Puderzucker bestäuben.

Süßer Klemmkuchen

250 g weiche Butter
100 g Zucker
1 Päckchen Vanillezucker
4 Eier
125 g Mehl
125 g Stärkemehl
2 gestrichene TL Backpulver
1/4 l Schlagsahne
Butter zum Ausbacken
Puderzucker

Die Butter schaumig schlagen. Zucker, Vanillezucker und die Eier einrühren. Mehl, Stärkemehl und Backpulver vermischen, sieben und nach und nach mit der Schlagsahne einrühren. Das Herz-Waffeleisen vorheizen, ausbuttern, den Teig portionsweise backen. Die Waffeln zum Auskühlen einzeln auf ein Kuchengitter setzen. Dann mit Puderzucker bestäuben.

Grüner Klemmkuchen

250 g weiche Butter
6 Eier
1/4 l Schlagsahne
Salz
4 EL Spinatsaft
250 g Mehl
1 TL Backpulver
Butter zum Ausbacken

Die Butter in einer Schüssel schaumig schlagen. Eier, Sahne, Salz und Spinatsaft einrühren. Das Mehl mit dem Backpulver vermischen, sieben und nach und nach unterrühren. Ein Herz-Waffeleisen vorheizen, ausbuttern, den Teig portionsweise einfüllen und backen.

Käsewaffeln

200 g weiche Butter
4 Eier
Salz
1 Prise Paprikapulver
200 g Mehl
1/2 TL Backpulver
6 EL Milch
3 EL Reibekäse
Butter zum Ausbacken
Paprikapulver

Die Butter schaumig schlagen. Eier, Salz und Paprikapulver unterrühren. Das Mehl und das Backpulver sieben und mit der Milch und dem Käse einrühren.
Ein Herz-Waffeleisen ausbuttern, den Teig portionsweise goldbraun backen. Die Waffeln einzeln zum Auskühlen auf ein Kuchengitter setzen. Leicht mit Paprikapulver bestäuben.

Baumkuchenecken

10 Eier
200 g Zucker
1 Päckchen Vanillezucker
1/2 TL abgeriebene Zitronenschale
200 g Butter
125 g Mehl
80 g Stärkemehl
Butter für die Springform

Außerdem

Je 150 g halbbittere und weiße Kuvertüre

Die Eier trennen. Das Eigelb mit Zucker, Vanillezucker und Zitronenschale schaumig rühren.
Die Butter in einer anderen Schüssel ebenfalls schaumig schlagen. Das Mehl und Stärkemehl vermischen, anschließend auf die Butter sieben und unterrühren. Die Eigelbmasse zufügen und gründlich untermischen. Das Eiweiß steif schlagen und unter den Teig heben.
Eine Springform ausbuttern, ein bis zwei Esslöffel Teig hineingeben, glatt streichen und im vorgeheizten Backofen etwa vier Minuten backen. Auf die gebräunte Schicht erneut ein bis zwei Esslöffel Teig geben, glatt streichen und im Backofen vier Minuten backen. Diesen Vorgang wiederholen, bis der Teig aufgebraucht ist.
Den Kuchen auf einem Kuchengitter auskühlen lassen, danach in kleine Ecken schneiden.
Die Kuvertüre über heißem Wasserbad schmelzen. Die Kuchenecken auf eine Gabel spießen und in die Kuvertüre tauchen. Zum Trocknen auf ein Kuchengitter setzen. Die weiße Kuvertüre ebenfalls schmelzen und feine Linien über die Baumkuchenecken ziehen.

Unser Tipp

Wer über einen Grill verfügt, kann die Backzeit verkürzen: Unter dem vorgeheizten Grill bräunt die Teigschicht in ein bis zwei Minuten.

Quarkspitzen

80 g weiche Butter
100 g Zucker
3 Eier
1 Prise Salz
1 TL abgeriebene Zitronenschale
2 EL Zitronensaft
2 EL Rum
200 g Quark
2 EL geriebene Mandeln
200 g Mehl
2 TL Backpulver
2 EL Korinthen

Außerdem

Öl zum Ausbacken
Puderzucker zum Bestäuben

In einer Schüssel die Butter kräftig verrühren, den Zucker und die Eier zufügen. Dann das Salz, die Zitronenschale, Zitronensaft, Rum, Quark und die Mandeln einrühren. Mehl und Backpulver vermischen, sieben und unterrühren. Die Korinthen ebenfalls unterrühren.

In einem Topf das Öl erhitzen. Mit einem Esslöffel kleine Teigstücke abstechen und schwimmend im Öl ausbacken, bis sie goldbraun sind. Herausnehmen, abtropfen oder auf Küchenpapier entfetten lassen und mit reichlich Puderzucker bestäuben.

Feigenküchlein

100 g weiche Butter
125 g Zucker
1 Päckchen Vanillezucker
3 Eier
1 Prise Salz
150 g Mehl
30 g Stärkemehl
1 gestrichener TL Backpulver
Butter und Zwiebackbrösel für die Tortelettförmchen

Für den Belag
6 frische Feigen
200 g Sahnequark
2 EL Zucker
2 EL Zitronensaft
1/4 l Schlagsahne
Kirschlikör

Die Butter schaumig schlagen. Zucker, Vanillezucker, Eier und Salz einrühren. Mehl, Stärkemehl und Backpulver vermischen, sieben und unterrühren. Die Förmchen ausbuttern und mit Zwiebackbröseln ausstreuen, den Teig einfüllen. Im vorgeheizten Backofen bei 180 °C (Gas: Stufe 2, Umluft: 160 °C) etwa 15 Minuten backen. Herausnehmen, einige Minuten stehen lassen, die Törtchen auslösen, abkühlen lassen. Die Feigen waschen und in Spalten schneiden. Sahnequark, Zucker und Zitronensaft verrühren. Die Sahne steif schlagen und unterheben. Die Masse in einen Spritzbeutel mit Sterntülle füllen, die Törtchen damit bespritzen und mit Feigenspalten garnieren. Mit Kirschlikör beträufeln.

Kirschtörtchen

100 g weiche Butter
50 g Zucker
1 Päckchen Vanillezucker
$1/2$ TL Zimt
2 Eier
1 Prise Salz
150 g Mehl
1 gestrichener TL Backpulver
80 g gemahlene Mandeln
Butter und Zwiebackbrösel für Förmchen

Für den Belag
400 g entsteinte Sauerkirschen
80 g Butter
80 g Zucker
80 g Mehl

Außerdem
Puderzucker
Kandierte Nelken oder Röschen (→ Seite 26)

In einer Schüssel die Butter schaumig schlagen. Zucker, Vanillezucker, Zimt, Eier und Salz unterrühren. Mehl und Backpulver vermischen, sieben und mit den Mandeln untermischen. Tortelettförmchen ausbuttern und mit Zwiebackbröseln ausstreuen. Den Teig einfüllen, die Kirschen darauf verteilen. Für die Streusel Butter, Zucker und Mehl zu Streuseln formen und die Kirschen damit bestreuen. Im vorgeheizten Backofen bei 200 °C (Gas: Stufe 3, Umluft: 180 °C etwa 18 Minuten backen. Herausnehmen, mit Puderzucker bestäuben. Mit kandierten Blüten dekorieren.

Tatzen

250 g weiche Butter
180 g Zucker
1 Päckchen Vanillezucker
1 Ei
1 Prise Salz
175 g Mehl
175 g Stärkemehl
1/2 TL Backpulver
75 gemahlene Mandeln
50 g Aprikosenkonfitüre
100 g Zartbitter-Kuvertüre
Butter für das Blech

In einer Schüssel die Butter schaumig schlagen. Zucker, Vanillezucker, Ei und Salz unterrühren. Mehl und Stärkemehl vermischen, sieben und mit dem Backpulver unterrühren. Die Mandeln unterheben.

Ein Backblech ausbuttern. Die Masse in einen Spritzbeutel mit gezackter Tülle füllen, kleine Tatzen auf das Backblech spritzen. Im vorgeheizten Backofen bei 200 °C (Gas: Stufe 3, Umluft: 180 °C) etwa 12 Minuten backen. Herausnehmen, auskühlen lassen.

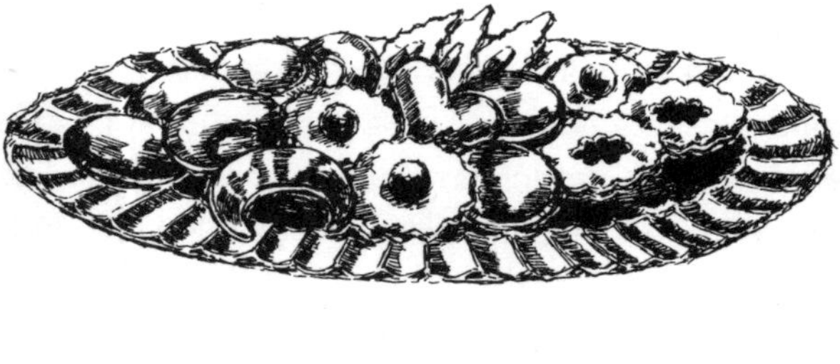

Die Hälfte der Tatzen auf der glatten Seite mit Konfitüre bestreichen, die restlichen Tatzen aufsetzen.
Die Kuvertüre zerkleinern, über Wasserbad schmelzen, die Spitzen der Tatzen mit Kuvertüre bestreichen.

Kokoshäufchen

125 g weiche Butter
100 g Zucker
1 Päckchen Vanillezucker
1 Ei
1 Prise Salz
125 g Mehl
75 g Stärkemehl
2 gestrichene TL Backpulver
100 g Kokosraspeln
Butter für das Blech
100 g Zartbitter-Kuvertüre

In einer Schüssel die Butter schaumig schlagen. Zucker, Vanillezucker, das Ei und das Salz unterrühren. Mehl, Stärkemehl und Backpulver vermischen, sieben und einrühren. Die Kokosraspeln unterheben. Ein Backblech ausbuttern. Mit zwei Teelöffeln kleine Häufchen auf das Backblech setzen. Im vorgeheizten Backofen bei 200 °C (Gas: Stufe 3, Umluft: 180 °C) etwa 10 Minuten backen. Die Kuvertüre zerkleinern, über heißem Wasserbad schmelzen. Jedes Häufchen zur Hälfte mit der Kuvertüre bestreichen.

Über dieses Buch

Die Autorin Oda Tietz ist studierte Germanistin und Journalistin und seit mehr als 20 Jahren auf die Themen Essen und Trinken spezialisiert. Sie hat bereits viele erfolgreiche Kochbücher verfasst. Oda Tietz lebt in Leipzig.

Die Illustratorin Beate Brömse ist Illustratorin und Malerin. Sie arbeitet für zahlreiche Verlage, und ihre Arbeiten wurden u. a. in »graphis annual« und »novum« veröffentlicht. Beate Brömse lebt in München.

Haftungsausschluss Die Inhalte dieses Buches sind sorgfältig recherchiert und erarbeitet worden. Dennoch kann weder die Autorin noch der Verlag für die Angaben in diesem Buch eine Haftung übernehmen.

Weltbild Buchverlag – Originalausgaben –

4. Auflage 2003

Projektleitung: Dr. Ulrike Strerath-Bolz
Redaktion: Claudia Krader
Versuchsküche: Sabine Haberbosch, Dachau
Umschlag: X-Design, München
Titelbild: Karl Newedel, München
Layout: Nina Engel
Illustrationen: Beate Brömse, München
DTP/Satz: Lydia Koch, Augsburg
Druck und Bindung: Oldenbourg Taschenbuch GmbH,
Hürderstraße 4, 85551 Kirchheim
Gedruckt auf chlorfrei gebleichtem Papier

ISBN 3-89604-770-1

Rezeptverzeichnis